기독교문서선교회(Christian Literature Center: 약칭 CLC)는 1941년 영국 콜체스터에서 켄 아담스에 의해 시작되었으며 국제 본부는 미국 필라델피아에 있습니다. 국제 CLC는 59개 나라에서 180개의 본부를 두고, 약 650여 명의 선교사들이 이동도서차량 40대를 이용하여 문서 보급에 힘쓰고 있으며 이메일 주문을 통해 130여 국으로 책을 공급하고 있습니다. 한국 CLC는 청교도적 복음주의 신학과 신앙서적을 출판하는 문서선교기관으로서, 한 영혼이라도 구원되길 소망하면서 주님이 오시는 그날까지 최선을 다할 것입니다.

추천사

　박정호 박사의 책 『불트만의 신학 : 불트만 신학에서 현재하는 그리스도와 인간의 결단』을 추천하게 되어 대단히 기쁘게 생각합니다. 이 책은 불트만 신학에 대한 연구서이면서, 목회자와 일반 신자 모두 관심을 가질 수 있는 책입니다.

　이 책은 총 5장으로 구성되어 있습니다. 제1장은 서론, 제2장은 불트만의 인간론(결단 앞의 인간), 제3장은 불트만의 그리스도론(현재하는 그리스도), 제4장은 그리스도론과 인간론의 상관 관계, 제5장은 결론으로서 불트만의 인간론과 그리스도론의 연관성과 그 의의를 다루고 있습니다.

　이 책의 목적은 불트만 신학에서 현재하는 그리스도와 인간의 결단의 관계를 밝히는 것입니다. 불트만 신학에서, 그리스도의 요청에 따라 인간이 과연 결단/회개할 수 있는지 여부는 주요한 주제입니다. 이는 비단 불트만 신학뿐만 아니라, 모든 기독교인이 관심을 가질 수밖에 없는 주제입니다. 인간은 과연 결단할 수 있는가? 결단할 수 있다면, 그리스도의 은혜는 무엇을 의미하는가? 오늘날 그리스도는 역사 속에 어떻게 임재하는가? 저자는 이런 근본적인 질문에 답을 합니다.

　이 책은 인간의 결단이 그리스도의 은혜에 의한다고 말합니다. 인간은 홀로 말씀 앞에서 결단할 수 없고, 그리스도의 선포 앞에서 인간은 참다운 결단에 마주한다는 것입니다. 이 점에서 저자는 불트만의 신학이 실존 철학과 차이가 있다는 것을 보여 줍니다.

하지만 이 주장만으로는 새로운 답변이 되지 못합니다. 인간이 그리스도의 은혜로 결단할 수 있다는 주장은 이미 개신교 정통주의 신학이 견지한 입장이기 때문입니다. 이 책의 가치는 그리스도가 '어떻게' 인간에게 결단을 요구하며, '어떻게' 역사에 현재적으로 임재하며, '어떻게' 인간은 자신의 주체성을 가지고 결단할 수 있는지를 밝혔다는 점입니다.

이 책의 의의는 크게 세 가지입니다. 첫째, 그리스도가 말씀과 선포를 통해 '현재화'한다는 것이며, 현재하는 그리스도는 인간이 결단할 수 있도록 만든다는 것을 밝힌 것입니다. 즉 그리스도의 요청과 인간의 결단을 연결하는 고리는 그리스도의 '현재화'입니다. 그동안 불트만의 그리스도론과 인간론에 대해 많은 연구가 있었지만, '현재화'라는 관점으로 그리스도론과 인간론을 연결한 경우는 없었습니다. 둘째, 이 책이 다룬 불트만의 설교에 대한 분석은 새로운 연구로서, 설교에 나타난 '현재화'의 특징을 논문의 주제로 받아들인 것은 독특한 시도입니다. 셋째, 이 책이 집중한 그리스도의 요청과 인간의 결단의 상관성에 대한 답변은, 불트만 신학의 새로운 해석일 뿐 아니라, 그리스도의 은혜와 인간의 결단이라는 기독교의 핵심 주제에 답변을 제시한 것으로 그 의의가 크다고 하겠습니다.

이 책의 학문적 기여와 활용은 상당할 것입니다. 이 책이 다룬 주제와 그 연구 결과는 불트만에 대한 새로운 해석으로 학문적 공헌이 될 것입니다. 또한 그리스도가 말씀, 텍스트, 설교에 현재화 한다는 것을 밝히고, 그것을 통해 인간이 결단에 성공할 수 있다는 본 책의 요지는 현장 교회에도 활용될 수 있을 것입니다. 21세기에 한국 교회가 활력을 잃어가고 있습니다. 한국 교회가 '현재하는 그리스도'를 마주함으로 다시 한번 그리스도 앞에 서고, 새롭게 거듭나서 자신의 역할을 해야 할 때입니다. 이 과정에서, 박정호 박사의 이 책은 중요한 하나의 초석이 될 것입니다. 이 책은 학문적이지만, 목회자와 일반 독자 모두가 관심 있게 읽을 수 있는 주제를 다루고 있습니다. 이 책이 집중한 '현재하는 그리스도'가 한국 교회를 새롭게 하기를 기대합니다.

이 책이 집중한 '현재하는 그리스도'가 한국 교회를 새롭게 하기를 기대합니다.

김동건
2020년 8월
영남신학대학교 교수

첫 열매를 저의 신학의 아버지이자
스승이신 김동건 교수님께
드립니다.

불트만의 신학 :

불트만 신학에서 현재하는 그리스도와
인간의 결단

Bultmann's Theology: Man's Decision and Christ of the Present in Bultmann's Theology
Written by Jeong-Ho Park
All rights reserved.
Korean Edition Copyright ⓒ 2022 by Christian Literature Center, Seoul, Korea

불트만의 신학 :
불트만 신학에서 현재하는 그리스도와 인간의 결단

2022년 2월 28일 초판 발행

지 은 이 | 박정호

편　　집 | 한명복
디 자 인 | 박성숙
펴 낸 곳 | (사)기독교문서선교회
등　　록 | 제16-25호(1980.1.18.)
주　　소 | 서울특별시 서초구 방배로 68
전　　화 | 02-586-8761~3(본사) 031-942-8761(영업부)
팩　　스 | 02-523-0131(본사) 031-942-8763(영업부)
이 메 일 | clckor@gmail.com
홈페이지 | www.clcbook.com
송금계좌 | 기업은행 073-000308-04-020 (사)기독교문서선교회
일련번호 | 2022-20

ISBN 978-89-341-2402-3 (93230)

이 책의 저작권은 저자와 (사)기독교문서선교회가 소유합니다.
신저작권법에 의하여 한국 내에서 보호받는 저작물이므로 무단 전재와 무단 복제를 금합니다.

신학 박사 논문 시리즈 68

불트만의 신학

불트만 신학에서
현재하는 그리스도와
인간의 결단

박 정 호 지음

CLC

목 차

추천사   1
   김 동 건 | 영남신학대학교 교수

저자 서문   10

제1장 서론   12
   1. 들어가는 말   12
   2. 불트만의 신학적 배경과 최근 연구 동향   18

제2장 결단 앞에 선 인간   42
   1. 실존적 인간   43
   2. 역사 속에서의 인간: 역사의 현재화   102

제3장 그리스도의 현재화   129
   1. 성서(Text)에 현재하는 그리스도   129
   2. 설교에 현재하는 그리스도   155
   3. 성례전에 현재하는 그리스도   174

제4장 결단을 요청하는 그리스도와 책임적 인간으로서의
　　　연관성　　　　　　　　　　　　　　　　　　186
　1. 책임적 인간　　　　　　　　　　　　　　　　189
　2. 현재하는 그리스도의 은총　　　　　　　　　　194

제5장 결론　　　　　　　　　　　　　　　　　　　197

참고 문헌　　　　　　　　　　　　　　　　　　　204

저자 서문

박 정 호 목사

  이 책은 2020년 2월 계명대학교에서 신학 박사 학위 인준을 받은 필자의 논문을 수정 보완하여 출판하기에 이르렀다.

  이 글이 오늘 우리들 앞에 책으로 세상에 나올 수 있었던 것은 전적으로 나의 스승이시며, 신학적으로는 아버지라 할 수 있는 김동건 교수의 가르침 때문이다. 그래서 이 글에는 그의 신학 사상이 그대로 녹아 있다고 할 수 있다. 필자의 신학의 출발도 김동건 교수와 시작했고, 긴 시간 지금까지 한 번도 나를 떠나지 않았으며, 필자 또한 한 번도 김동건 교수와의 신학적 맥이 끊어진 적이 없었다. 그렇기 때문에 지금 필자의 신학 사상은 온전히 김동건 교수의 신학 사상과 그 맥을 같이 한다.

  박사 학위 논문을 쓸 때는 처음부터 마지막까지 세심한 지도로 깨우침을 주셨고, 긴 시간 논문을 쓸 때에 몰려오는 낙심 중에도 용기를 주시면서 일어설 수 있는 신앙도 가르쳐 주셨다. 이 글은 필자의 손으로 쓴 김동건 교수의 열매라고 자부한다. 왜냐하면, 이 논문에 대한 학문적인 지도에 시간을 전혀 아끼지 않으셨으며 글의 올바른 방향과 내용들을 채우게끔 해 주셨기 때문이다. 김동건 교수의 신학적인 글이 자신을 넘어 이제 그의 제자로 통하여 새롭게 발현되었다는 점에서 이 글은 필자에게 매우 영광스러운 것이다.

아울러 이런 신학적 열매는 아신신학연구소의 지체들과 나눈 신학적 교류의 결과물이기에 이들에게도 감사를 드린다.

언제나 곁에서 기도로 도운 아내와 두 딸에게도 감사를 표하며, 글을 쓸 수 있도록 배려해 준 신령중앙교회 온 교우에게도 감사를 드린다. 이 책이 출판되어 세상에 나오도록 도와주신 기독교문서선교회(CLC) 박영호 대표에게도 감사를 드린다.

제1장

서론

1. 들어가는 말

이 책은 루돌프 불트만(Rudolf Bultmann, 1884-1976)의 신학에서 결단하고 순종해야 하는 인간 실존의 문제와 이 실존에 결정적 영향을 미치는 '현재하는 그리스도'(Christus praesens)의 문제에 대해 살펴보는 데 그 목적이 있다. 불트만에게 있어서 중요한 것은 인간이 거짓된 실존(inauthentic existence)에서 참된 실존(authentic existence)으로 전환(transformation)하는 것인데, 이에 있어서 그리스도가 과연 어떤 형식으로 현재하며 결단에 이르게 하는 것인가이다.

불트만은 신학자로서 자신의 신학적 사명이 교회의 올바른 가치를 회복하는 것임을 드러내면서 다음과 같이 말한다.

> 인간의 가장 긴박한 과제는 자신의 상황에 대한 사유와 담론에서 분명하게 되는 것일 것이다. 그리고 오늘의 프로테스탄트를 위한 교회 문제는 제사 문제(祭祀問題)가 아니라 신학(神學)의 문제이다.[1]

---

1   루돌프 불트만, "기독교의 역사적 종교와 초역사적 종교", 『學問과 實存』 II,

위의 글에서와 같이 우리들의 신앙적 삶이 어떤 형태로든 신학과 연관되지 않고는 자신의 신앙을 지켜 나갈 수가 없다. 그렇다고 신앙을 합리적 사고에 묶어 두어야 한다는 것은 아니다. 누구든지 신앙이 있다는 것은 신학적 성찰을 해야 할 책임이 있다는 것이다. 질문을 하지 않는 신앙은 결코 바람직하지 않으며, 흔히 하는 말로 "덮어 놓고 믿으라"는 것은 믿음을 오해하게 하는 가장 나쁜 길이다. 질문이 없는 신앙은 결코 결단에 이를 수 없다는 것이다.

물론 이 말은 모두가 전문 신학자가 되어야 한다는 것은 아니다. 그렇지만 신앙이 없는 학문성만 추구하는 신학은 결국 무의미성에 빠져 학문적 자기 자랑으로 치우칠 수 있고, 반면에 신학이 없는 신앙은 마치 순결한 신앙인양 '목회하는 데 신학은 아무 쓸모가 없다'는 자가당착에 빠질 것이다. 그래서, 맹신으로 빠져 결국은 올바른 결단에 이르는 길을 스스로 막고 예수가 그토록 선포했던 하나님의 나라의 도래를 감정적 동참으로 전락시키는 결과를 초래하고 말 것이다. 마치 신학을 부정하며 신앙의 열정을 강조해야만 신앙이 좋은 사람, 속칭 '능력의 종'인 것처럼 인식되는 시대는 불행한 시대이다.

신학은 언제나 신앙을 동반하면서 말을 해야 하고, 신앙은 언제나 신학을 통하여 검증 받아야만 한다. 모든 신앙은 이미 나름의 신학을 포함하고 있다. 신학은 하나님을 통해 결정된 자기 실존에 대한 학문적인 자기 성찰 이외에 다른 아무것도 아니다. 따라서 신학은 단순한 신앙 속에 이미 있는 그것을 학문적으로 전개하는 것이다. 신학은 신앙 자체의 움직임 이외에 다른 어떤 것도 아니다.

허혁 역 (서울: 성광문화사, 1981), 324.

그러나 신앙과 신학이 동일시될 수는 없다. 왜냐하면, 신앙의 움직임은 실존적 과정 자체이며 말씀을 순종하여 듣는 것이다. 듣는다는 것은 내가 스스로 결단할 수 있고 실행에 옮길 수 있는 명백한 그 무엇은 아니다. 왜냐하면, 그것은 결정의 자유로운 행위로서 언제나 이미 결정된 것이기 때문이다. 그러나 신학은 학문적인 사유로서 내가 결정할 수 있는 인간적인 일이다.

신학은 실제로 신앙의 움직임일 때만, 즉 신학을 하겠다는 결단 가운데서 순종적인 들음이 이루어질 때만 신학으로서의 의미를 갖는다.[2] 모든 학문과 마찬가지로 신학도 오류를 범할 수 있다. 신학은 따라서 스스로 감행하는 일이면서 동시에 요구되는 일이기도 하다.

왜냐하면, 신앙은 우리 외부에 있는 것이 아니라 우리의 실존을 규정하며, 우리의 생각과 말과 행위에서 표현되기 때문이다. 다른 한편, 우리가 신학적으로 사고하지 않는다면 우리는 자신을 죄 많은 인간 대신 천사로 상상할 것이다. 하나님이 우리에게 인간이기를 요구하며 우리 죄인들에게 은혜를 베풀기 때문에 신학이 있는 것이다.[3]

어느 시대를 막론하고 인간이 문제되지 않았던 때는 없었다. 인간이 이 땅에 발을 딛고 살면서부터 인간은 문제시되었다. 하지만 급박하게 변하는 시대의 조류를 인간이 만들어 놓고는 결국 그것으로부터 소외당하는 것을 직접 경험하며 현대인들은 살고 있다. 이런 때에 우리가 진지하게 신학을 한다면 먼저 우리 시대의 인간에 대한 이해가 우선되어야 할 것이다. 무엇보다 오늘의 한국 교회가 안고 있는

2　Rudolf Bultmann, *Glauben und Verstehen I* (Tübingen: J. C. B. Mohr, 1980), 89-90.

3　Rudolf Bultmann, *Glauben und Verstehen I*, 91.

극복되어야 할 문제 중 하나는 신앙의 자리에서 인간에 대한 이해가 부족하다는 것이다. 나와 마주한 이웃으로서의 인간과 나 자신을 어떻게 이해하는가의 물음은 신학에 있어서 가장 먼저 물어야 할 과제 중 하나인 것이다.

이 책에서는 인간 전반에 관한 심리학적, 과학적 분석 연구가 아니라 인간에 대한 물음에서 성서에 기초한 대답을 찾기 위해서는 불트만의 주석적이며 조직적인 신학 작업을 이해해야 한다는 것을 밝혀 둔다. 불트만의 신학에서 말하는 실존론적 신학에 의해 규정된 인간은 누구인가를 묻고 '비본래적' 인간에서 '본래적' 인간으로서의 전환을 통한 바른 인간관을 찾고자 한다. 불트만의 인간 이해는 존재 일반에 대한 이해가 아니라 '실존'이라고 규정한다.

불트만의 신학에서 인간을 어떻게 이해하는가는 곧 그의 신학적 방향으로 귀결된다. 그의 신학 방법론을 '실존론적 신학 방법'이라 주창하는 것은 그의 인간 이해가 그 중심에 있기 때문이다. 불트만에게 있어서 인간론은 도그마화 되어 분리된 신학이 아니라 그의 모든 신학적 성찰과 연결되어 있다.

그러므로 불트만의 인간 이해와 항상 연결되는 것이 그의 역사 이해인 것이다. 인간은 역사적 존재로서 역사를 초월해서 존재할 수 없다. 인간만이 역사를 알고 인간만이 역사에 참여한다. 그런 인간이 이 역사에서 어떻게 참 '실존-본래적 존재'로의 회복이 가능한가를 그의 신학적 성찰을 통해서 찾고자 한다. 특히, 불트만의 인간론은 역사 이해와 동시에 그리스도론적인 '선포'[4]와 관계되어 있다.

---

4   불트만은 그의 저서 전반에 걸쳐 '선포', '설교', '전도'라는 용어를 서로 첨예하

선포와 계시의 목적은 인간을 하나님 앞에 그리고 역사 앞에 세우는 일이며 결단하게 하는 것이다. 결국, 참된 인간으로서의 결단은 그리스도의 현재화가 이루어지는 선포를 통해서만 가능하며 그 선포는 곧 하나님의 은혜인 것이다. 인간은 스스로, 즉 계시의 선포 없이는 본래적 인간으로의 삶이 불가능하다는 것이 불트만의 주장이다.

이런 이유로 불트만의 신학은 실존주의 철학의 한계를 극복하고 실존주의 신학으로 자리매김한다. 불트만은 그의 신학적 작업에서는 자유주의의 학문적 정직성을 물려 받았으며 동시에 신학은 계시의 말씀을 놓칠 수 없음을 강조한다.

성서는 계시의 말씀으로 우리에게 주어졌지만 성서는 해석을 통하여 우리에게 선포된다. 그런 의미에서 기독교 역사는 성서 해석의 역사라 할 수 있다. 불트만은 성서 해석 방법론으로 실존론적 해석을 해야만 한다고 주장한다.

그 실존론적 해석 방법으로 성서의 비신화화를 추구한다. 성서가 기록될 당시의 세계관적 표현으로 초월을 이야기하는 성서의 많은 내용은 비신화화를 통해서 현대인들에게 하나님의 말씀으로 도전받고 결단을 요청하는 계시의 말씀을 비켜서지 못하도록 하며 육박해 오는 말씀을 마주하기 위해서이다. 성서의 비신화화를 통해서만 계시의 언어로 올바른 선포를 할 수 있다고 밝히고 있다.

올바른 선포는 설교의 방법적 고찰 그 자체의 연구보다 앞서서 인간 이해의 문제로 본 것이다. 이런 이유 때문에 불트만에게 있어서 신학은 곧 인간학이라고 불린다. 그렇다고 해서 불트만의 신학이 인

게 구분하지 않고 "현재하는 그리스도"를 말할 때와 같은 의미로 사용하고 있다.

간학으로 천착되는 것은 아니다.

불트만은 십자가에 달리시고 부활한 그리스도가 지금 우리와 어떻게 현재하며 결단을 요청하는가를 그의 신학에서 일관되게 다루고 있다. 바로 선포의 말, 즉 설교와 성례에 현재한다고 주장한다. 따라서 본 연구에서는 인간의 결단의 연관성을 불트만의 인간 이해와 함께 결부된 현재하는 그리스도를 살펴보면서 논의해 보고자 한다.

지금까지의 많은 연구는 불트만의 신학에서 인간론과 기독론, 역사 이해 및 성서의 이해가 주로 개별적 주제 다루어졌다면 이 책에서는 이 모든 주제가 서로 연관되어 있다는 것을 살펴보게 될 것이다. 특히, 인간론과 기독론은 서로 연결될 때에만 둘 다 올바르게 이해할 수 있게 된다. 이 두 주제가 서로 만나는 자리가 바로 현재하는 그리스도인 것이다.

즉, 현재하는 그리스도를 통해서만 인간은 인간 자신의 한계를 넘어서고, 또한 그리스도는 반드시 현재화됨을 통해서만 우리에게 임재하게 되는 구조를 가지고 있다고 본 것이 이 책의 특징이라고 할 것이다. 이 책의 제4장에서 불트만이 직접 사용한 개념은 아니지만 그의 신학적 특징이라고 할 수 있는 용어로서 표현상 연관성이라고 한 것이다.

그러므로 이 책에서는 연관성이라는 작은 하나의 개념 자체를 찾아내는 것이 목적이 아니라 인간이 현재하는 그리스도를 통해 참 실존을 찾을 수 있다는 이 구조적 관점 자체가 연관성을 추구한다는 것으로 전개될 것이다. 불트만과 다른 학자들 간에 첨예하게 대립되었던 신학적 논쟁이었던 '역사적 예수와 케리그마 그리스도'의 문제[5]는 이 책의 방향과 일치하지 않기 때문에 다룰 수 없다.

2. 불트만의 신학적 배경과 최근 연구 동향

1) 불트만의 신학적 배경

(1) 자유주의 신학과 역사 비평학

불트만은 경건한 루터주의의 가정에서 태어나 자랐음에도 불구하고 자유주의 신학자로서 그의 신학을 출발한다. "자유주의 신학"(自由主義神學, liberal theology)은 다소 모호한 개념으로 정의를 내리기가 쉽지는 않다.

자유주의 신학이라는 용어는 매우 폭넓게 해석할 수 있다. 즉, 자유주의 신학이란 계몽주의 이래로 전통적인 도그마를 신학의 전제로 삼지 않았던 모든 신학적 연구를 총칭하는 것으로 이해할 수 있다.

---

[5] 최근 연구서들 중에 고전적 연구로는 다음의 저작들을 참고로 볼 수 있다. 귄터 보른캄, 『나사렛 예수』, 강한표 역 (서울: 대한기독교서회, 1991); 한스 콘첼만, "예수 그리스도", 『學問과 實存』 IV, 한국신약성서연구 모임편 (서울: 성광문화사, 1987); 근래의 번역서들과 한국인의 저작들이 다수 있다. 참고. 조철수, 『유대교와 예수』 (강릉: 도서출판 길, 2002); 荒井献, 『예수의 행태』, 서남동 역 (서울: 대한기독교서회, 1991); 안병무, 『갈릴래아의 예수』 (천안: 한국신학연구소, 1993); 김명수, 『역사적 예수의 생애』 (서울: 한국신학연구소, 2004); 김진호 편, 『예수 르네상스』 (천안: 한국신학연구소, 1996); 김진호, 『예수역사학』 (서울: 다산글방, 2000); 베츠, 『역사적 예수의 진실』, 전경연 역 (서울: 대한기독교서회, 1990); 마커스 보그, 『예수 새로 보기』, 김기석 역 (천안: 한국신학연구소, 1998).

역사적으로 보면, 슐라이어마허(F. Schleiermacher)에서 시작되어 19세기에 개신교 신학을 주도한 하나의 신학적 흐름을 지칭한다. 편의상 자유주의 신학을 크게 두 가지 특징으로 규정해 볼 수 있다.

첫째, 도그마와 규범화된 교리에 묶이지 않으며 그 자체적인 타당성과 합리성에 바탕을 두고 성서의 진리를 해석하고 확인하려고 시도했다.

둘째, 성서 해석을 위해 다양한 학문의 영역과 연계를 하거나 도움을 받는다. 특히, 이 과정에서 방법론으로 성서에 대해 역사 비평학을 사용한다.

이런 자유주의를 규정하는 두 가지의 기준으로 본다면 불트만은 철저히 자유주의 신학자이다.[6]

불트만은 신약학자이며 역사가이고 철학자이다. 더 나아가 그는 뛰어난 조직신학자이기도 하다. 불트만은 한마디로 묶어서 설명할 수 없는 신학자이며 사상가이다. 불트만이 신학의 꽃을 피울 때에는 자유주의 신학 시대였다. 그의 스승들 모두가 자유주의 신학의 대가들이다.[7]

한편, 이즈음에 괴팅엔대학에 성서 비평학파가 생긴다. 불트만은 여기에 참가해서 자기의 신학적 토양을 성숙시켜 나간다. 불트만

---

6 김동건, 『현대신학의 흐름: 계시와 응답』 제1권 (서울: 대한기독교서회, 2008), 376.
7 루돌프 불트만, "자서전적 회고", 『學問과 實存』 III, 허혁 역 (서울: 성광문화사, 1981), 313.

이 영향을 받은 신학자로는 슐라이어마허, 리츨(A. Ritschl), 하르낙(A. von Harnack), 헤르만(W. Hermann)이며, 이들로부터 역사 비평적 정신을 물려 받게 된다. 그는 자유주의 신학 잡지인 「기독교 세계」에 정기적으로 기고를 하게 된다. 구약학자인 궁켈(H. Gunkel), 신약학자인 디벨리우스(M. Dibelius)에게 영향을 받아 이들의 지식을 체계화시켜 나간다. 이리하여 불트만은 성서 비평학과 그 방법론의 새로운 장을 열어 나가게 된다.[8]

불트만은 1884년 8월 20일 독일 올덴부르크(Oldenburg)의 비펠슈테테(Wiefelstede)에서 출생했다. 그의 아버지는 그곳의 개신교 목사인 아르투르 불트만(Arthur Bultmann)으로서, 그는 후에 '올덴부르크교회협의회' 회원이 되었다. 불트만의 가정적 배경이 되었던 것은 그의 할아버지의 경건주의적 유산과 그의 아버지의 온건한 루터교 신앙이었는데, 그의 아버지는 불트만이 학창시절을 지내는 동안 루터교에서 자유주의 신학으로 기울어지고 있었다.[9]

불트만이 신학도로서 학문의 길을 준비하는 동안 그의 스승들 사이에는 '자유주의 신학'이 팽배하여 있었다. 불트만은 1920년대에 이에 대해 다음과 같이 기록했다.

> 나 역시 그 신학적 진영 속에 있었다.

---

8 루돌프 불트만, "자서전적 회고", 314.
9 발터 슈미탈스, 『불트만의 實存論的 神學』, 변선환 역 (서울: 大韓基督敎出版社, 2001), 9.

불트만이 1920년에 자기 자신을 "자유주의 신학자"라고 부른 것은 바로 이런 의미에서였다.[10]

한편, 보다 좁은 의미에서의 자유주의 신학이란 19세기 중엽 이후에 바우르(F. C. Baur)와 슈트라우스(D. F. Strauss)의 사변적 신학 체계에 대한 반동으로 발전하여 마침내는 1920년대 초기의 변증법적 신학에 의해 극복되게 된 신학적 경향을 말한다. 이와 같은 방식으로 자유주의 신학의 위치를 설명한다고 해도 그것으로 자유주의 신학이 간단히 통일성을 갖게 되는 것은 아니다. 그 이유는 학자들 간에 매우 다양하게 나타나고 있기 때문이다.[11]

> 자유주의 신학은 전통적인 도그마로부터 해방과 신앙의 근거가 되는 성서 자료들에 대한 역사 비판적 연구의 자유에 특징을 두며 역사에로 돌아가 예수 그리스도의 인격을 모든 신학적 작업의 중심에 놓는다.[12]

역사가로서 불트만은 괴팅엔(Göttingen)으로부터 시작되고 있던 자유주의 신학의 전통 안에 확고하게 자리를 잡았다. 당시는 역사적 예수의 생애 운동과 함께 역사 비평 방법이 중요한 학문의 영역을 구축하고 있었다. 브레데(W. Wrede), 슈트라우스(D. F. Strauss), 바이스(J. Weiss), 슈바이처(A. Schweitzer)와 같은 사람들은 신약성서는 신학적인

10　박정호, "불트만의 基督論과 說敎에서의 神學的 一貫性硏究" (영남신학대학교 석사 학위 논문, 2005), 8.
11　발터 슈미탈스, 『불트만의 實存論的 神學』, 11.
12　발터 슈미탈스, 『불트만의 實存論的 神學』, 12.

고백과 해석이 가득 차 있기 때문에 예수를 이해하기 위한 직접적인 자료가 될 수 없다고 주장했다. 이들은 성서의 원래 메시지를 찾기 위해 다양한 역사 비평 방법을 사용했다. 불트만은 이 흐름을 받아들여 신약성서는 부활절 이후의 초대 교회의 관심이 반영되어 기록되었다고 믿었다.

한편, 불트만은 디벨리우스(M. Dibelius)와 슈미트(K. L. Schmidt)와 같은 성서 문헌의 양식에 관심을 가진 학자들의 입장을 받아들였다. 불트만은 이 흐름들을 더욱 발전시켜 "양식사 비평"이라는 새로운 역사 비평 방법을 개척했다. 양식사 비평은 역사 비평학에 결정적인 영향을 미치게 되어 복음서 연구와 역사적 예수의 연구 형태를 바꿀 정도였다.

양식사 비평은 성서의 본문이 가지고 있는 구성 단위를 문학적인 형식(form)에 따라 진정성을 찾는 기준을 제시했다. 불트만은 성서 문헌에 담긴 양식을 통하여 예수의 말씀으로부터 초대 교회의 관심을 분리함으로써 역사 비평학을 한 단계 진보시켰다.

1920년대 초에 그에 의해 쓰인 『공관복음 전승사』(History of the Synoptic Tradition)는 새로운 '양식 비평'(樣式批評)의 위대한 선구적인 저작들 중 하나였으며, 이 책 속에서 불트만은 역사 비평적 방법을 엄격히 적용시켜 양식 비평의 관점에서 처음의 세 복음서를 분석하고, 동시에 예수에 관한 전승들의 역사적 신빙성에 대해 비교적 비판적인 평가를 내렸다.

그 외의 저술들, 『요한福音書 硏究』와 『新約聖書神學』, 『예수』 등 대부분의 신약성서 분야의 저술은 양식 비평을 포함한 역사 비평학

을 토대로 해서 쓰여진 것이다.[13]

자유주의의 신학적 제안은 불트만에게 뭔가 부족한 것이 발견되었지만 역사 비평학의 과제는 학자가 동원할 수 있는 모든 기력과 수완을 가지고 추구해야 함을 배웠다는 사실에서, 그는 이렇게 말한다.

> 자유주의 신학은 그것의 독특한 특색을 주로 역사적 관심의 우선성에 두고 있으며 그리고 그 분야에서 가장 위대한 공헌을 했다. … 자유주의 신학의 배경으로부터 나온 우리가 만약 저 자유주의 신학 안에서 근본적인 진리를 찾는 진지한 탐구를 만나지 않았다면 우리는 신학자도 될 수 없었을 것이며 신학자로 남아 있을 수도 없을 것이다. … 여기서―우리는 그렇게 받아들였었다―우리가 홀로 숨을 내쉴 수 있는 진실성의 분위기가 있었기 때문이다.[14]

위의 이야기에서 본다면 불트만은 분명 자유주의 신학자이고 신약학자의 면모를 가지고 있다고 할 것이다.

(2) 루터교와 변증법적 신학

불트만의 신학은 하이데거(M. Heidegger)의 현존재 분석을 사용하고 있지만 그것은 하이데거의 의도에서 떠나서 오히려 변증법적 신학에 나타나 있는 계시, 말씀, 신앙의 밀접한 연관과 종교 개혁 신학

---

13 김동건, 『현대신학의 흐름: 계시와 응답』 제1권, 377.
14 루돌프 불트만, "자유주의 신학과 최근의 신학동향", 『學問과 實存』 II, 허혁 역 (서울: 성광문화사, 1981), 204.

인 루터의 의인론에 의하여 일관되고 있다.[15] 즉, 말씀은 나 자신과 하나님 양자에게 동시에 계시이며 그것은 하나님의 심판과 은총 양자를 계시한다. 그것은 죄된 실존을 표현하며, 그러면서도 용서와 은총을 제의한다.[16] 따라서 불트만은 신앙과 새로운 실존 양식에 대해 다음과 같이 말한다.

> 신앙이란 일련의 명제들에 대한 지적 동의를 표현하는 것이라기보다는 근본적으로 새로운 실존 양식으로서 적합하게 특성화된다. 그것은 인간 경험 안에 있는 모든 것을 결정하는 새로운 존재 방식이다. 그것은 새로운 자기 이해와 함께 새로운 하나님 이해를 창조한다. 후자는 전자와 분리된 채로 결코 이해될 수 없다. 신앙이란 그리스도인을 위한 기본적인 존재 양식이기 때문에 우리는 그리스도인의 삶 속에 있는 모든 것이 그것으로부터 나온다고 이해해야 한다.[17]

여기서 불트만은 루터의 종교 개혁의 '오직 믿음'(*sola fide*)의 원리에 입각해서 신학의 방향을 잡는다. 물론 불트만은 루터교회 목사인 아버지와 경건주의적 할아버지의 신앙을 물려 받게 된다. 우리가 불트만 신학을 이해하기 위한 첫 번째 교리는 바로 인간의 '전적 타락'과 '계시의 전적 수용'을 말하는 루터의 '의인론'을 제외하고는 불트만을 올바로 이해할 수 없다.

---

15 발터 슈미탈스, 『불트만의 實存論的 神學』, 395.
16 데이비드 퍼거슨, 『불트만』, 진성용 역 (서울: 대한기독교서회, 2000), 69.
17 데이비드 퍼거슨, 『불트만』, 67.

그는 루터를 매우 깊게 연구하여 그의 제자들에게 세미나를 열기도 했으며 '비신화화'(非神話化, Entmythologisieren)[18]도 루터적으로 해석해서 '여기'와 '지금'이라는 용어로 현재적 예수를 만날 때 너는 '여기'서 '지금' 결단하라는 요청인 것이다. 오직 은총으로 현존하는 그리스도를 재해석한 것이 그의 비신화론인 것이다.

불트만은 새로운 신학적 방법론에 개방성을 가졌으며 그리하여 그는 신정통주의 신학을 수용하게 된다. 여기서 「때와 때 사이」잡지를 통해 그 이전의 자유주의 잡지인 「기독교 세계」에 대항하기도 한다.

신정통주의 신학자들의 공통된 주장은 "역사적 인식, 학문적 인식의 방법으로는 인간의 절망만 노출될 뿐이다"라는 것이었다. 많은 사람이 불트만을 신학적 이단자로 오해하는 경향이 있지만 불트만은 계시의 초월성을 그의 신학에서 한 번도 놓치지 않고 있음을 알아야 할 것이다.

한편, 1920년대의 시작과 더불어 자유주의 신학에 대한 불트만의 태도는 비판적으로 바뀐다. 그는 지적하기를 자유주의 신학에서는 인간이 실상은 신격화되고 있는데 그 이유는 신적인 세력들이라고 상징되는 것들은 결국 인간적인 세력들일 뿐이기 때문이라고 하면서 다음과 같이 말한다.

> 신학의 주제는 하나님이다. 그런데 자유주의 신학에 대한 비난은 그 신학이 하나님이 아니라 인간을 주로 다루었다는 것이다. 하나님은 인

---

[18] 이 책에서는 비신화화(非神話化)로 번역해 사용한다. 종종 탈신화화(脫神話化)로 쓰여지기도 하는데 의미는 동일하다. 탈신화화는 신화를 벗겨내는 의미가 더 드러나는 것 같아서 불트만의 의도로 본다면 비신화화가 더 적절한 것이다.

간의 철저한 부정과 지양을 뜻한다. 그러므로 하나님을 대상으로 삼는 신학은 그 때문에 오로지 '십자가의 말'만을 그 내용으로 삼는다. 하지만 이런 십자가는 인간에게 하나의 거리낌(Ärgernis)이다. 이런 관점에서 볼 때 자유주의 신학이 비판받는 점은 그것이 이 거리낌을 회피하거나 아니면 적어도 이 거리낌에서 벗어나려 했다는 점에 있다.[19]

위의 인용에서 불트만은 자유주의 신학의 핵심적인 문제가 무엇인지를 정확하게 지적하고 있다. 하나님은 인간의 자연적인 인식의 연장에서 가능하지 않는, 즉 하나님은 '전적타자'(全的他者)이며, 따라서 인간이 하나님을 만날 수 있는 것은 인간이 단지 그와 그의 모든 가능성을 완전한 무(無)로 돌릴 때에만 가능하다는 것이다.

이런 그의 진술은 변증법적 신학(辨證法的 神學)의 기초적 원리가 되는데, 이 변증법적 신학은 바로 이 기초적 원리 때문에 자유주의 신학으로부터 완전한 결별을 선언한 것이다. 이것은 전적으로 '오직 믿음'이라는 종교 개혁가들의 전승 속에서 이해될 수 있고, 변증법적 신학의 주요한 신학적 관점이다.[20]

변증법적 신학은 무엇보다도 칼 바르트(K. Barth, 1886-1968)와 고가르덴(F. Gogarten, 1887-1967) 등의 학자들과 관련되어 있다. 이 학파가 신학 사상에 있어서 본격적으로 대두하게 된 것은 1922년 출판된 칼 바르트의 『로마서 주석』(Der Römerbrief) 제2판에서 비롯되었으며 불트만은 이 책에 대해 서평하면서 긍정적인 입장을 발표하게 된다.

---

19 루돌프 불트만, "자유주의 신학과 최근의 신학동향", 203-204.
20 김동건, 『현대신학의 흐름: 계시와 응답』 제1권, 381.

또한, 그는 자신이 칼 바르트와 고가르텐의 신학적 저작이 자신에게 결정적인 영향을 끼쳤다는 사실도 감추지 않았다.[21] 1920년 중엽 이래로 불트만은 칼 바르트와 고가르텐과 함께 변증법적 신학의 영향력 있는 대표적 신학자 세 사람 가운데 하나가 되었으며, 따라서 그의 저작들은 자유주의 신학의 붕괴에 상당한 역할을 담당했다.

자유주의 신학이 사용해 온 가장 중요한 방법은 역사 비평학이었다. 역사 비평학을 통해서 성서를 이해하고, 이 방법을 통해 진리가 확보될 수 있다고 믿었다. 역사적인 예수에 대한 연구가 바로 이런 배경에서 열정적으로 수행되었다.

그런데 불트만은 역사 비평학이 신앙의 토대를 제공하지 못하는 것을 비판할 뿐 아니라, 역사 비평학의 결과는 상대적 가치밖에 없으며 진리의 절대성을 추구할 수 없다는 사실을 분명히 한다.[22] 이렇게 불트만이 변증법적 신학으로 나아갔다는 것은 그가 자유주의 신학의 정당한 통찰까지 버렸다는 것은 아니다. 그는 자유주의 신학과 변증법적 신학의 관계를 다음과 같이 말했다.

> 자유주의 신학과 달리 변증법적 신학은 그리스도 신앙이란 인간을 부르는 하나님의 말에 대한 대답이라는 것과 신학은 이런 부름의 말과 그 말에 의해 불리어지는 인간을 다루어야 한다는 것을 말해야 한다는 것을 나는 보여준 것이다. 그러나 이런 판단이 단순히 자유주의 신학의 부정에로 이끌어간 것은 아니다. 반대로 나는 내 모든

---

21 발터 슈미탈스, 『불트만의 實存論的 神學』, 14.
22 루돌프 불트만, "자유주의 신학과 최근의 신학동향", 206.

> 작품을 통해 자유주의 신학에 의해 훈련된 역사 비판학적 탐구의 정신을 좀 더 심화하려고 노력했고, 그것을 철저히 하기 위해 우리의 현대 신학적 지식을 효과 있게 만들려고 노력했다."[23]

위의 글에서와 같이 불트만은 그의 신학에서 자유주의와 결별한 것은 사실이지만 자유주의에 의해 얻은 통찰력까지 다 버린 것은 아니었다. 그는 자유주의 신학의 학문적 정직성과 변증법적 신학의 통찰력을 결합하기 위해 노력했던 것이다.

(3) 실존주의 철학과 실존주의 신학

불트만은 실존주의 신학자로 널리 알려져 있다. 불트만이 실존주의 철학자 하이데거(M. Heidegger, 1889-1976)와 깊은 연관 가운데 자신의 실존주의 신학을 쌓아올린 것은 사실이다. 그는 하이데거를 통해서 상당한 영향을 받았는데 특히 인간을 이해하기 위한 '존재'와 '실존'에 대한 부분에서 그 영향이 두드러진다.[24] 1923년부터 1928년까지 하이데거가 마르부르크(Marburg)대학교에 재임하면서 불트만과 관계를 맺게 된다.

이때가 하이데거의 전성기로 그는 그 유명한 『존재와 시간』(*Sein und Zeit*, 1927)을 발간했다. 불트만은 하이데거와 교류를 하면서 이 시기에 철학과 신학의 의미를 정립하여 실존주의 신학을 하게 된다. 그는 저서 『신화화론, 해석학』를 발표하면서 철학에 대한 매우 호의

---

23 루돌프 불트만, "자서전적 회고", 317.
24 김동건, 『현대신학의 흐름: 계시와 응답』 제1권, 383.

적인 반응을 보였으며 철학에서의 개념 정의를 신학에 원용하게 되었음을 다음과 같이 밝히고 있다.

> 하이데거와의 토론에서 알게 된 실존주의 철학의 작품들이 내게는 결정적인 의미를 지니게 된 것이다. 나는 이 토론에서 인간 실존에 대해 적절하게 이야기할 수 있게 하며 따라서 신앙인의 실존도 말할 수 있게 하는 개념을 발견한 것이다.[25]

1928년 하이데거가 프라이부르크대학교로 떠난 후 불트만과의 협력은 줄어들었으며, 아마도 1930년대의 국가 사회주의의 등장에 대한 하이데거의 초기의 열정의 결과로 그들의 관계는 어느 정도 긴장된 것 같다. 그럼에도 신앙과 이해의 헌정이 입증하는 바와 같이 불트만에 대한 하이데거의 영향은 지속된다.

하이데거의 철학 주제는 존재의 문제이다. 하이데거는 이것이 인간의 질문 중 가장 근본적인 문제인데도 대부분의 철학자에 의해서 간과되었으며 외면되었다고 보았다.[26] 이런 하이데거의 철학은 여러 가지로 불트만이 고대하고 있었던 또 다른 촉매였다.

그리고 1920년대의 마르부르크대학교에서의 그들의 협력은 불트만의 모든 신학 저술에 영속적인 영향을 남겼다. 형이상학과 교의학의 언어를 사용할 수 없었기 때문에 불트만은 하이데거 실존 분석에서 신학하기, 즉 기독교의 실존 이해를 분명히 말하기 위해서 가장

---

25 루돌프 불트만, "자서전적 회고", 317.
26 데이비드 퍼거슨, 『불트만』, 107-108.

적합한 개념을 발견했음을 다음과 같이 말했다.

> 나는 그 안에서 인간 실존을 적절히 말할 수 있는, 그래서 신자의 실존을 말할 수 있는 개념을 발견했다.[27]

하이데거에게는 인간 실존 안의 존재에 대한 반성 이전의(pre-reflective) 앎이 있으며 이것을 발견하는 것이 철학의 과제이다. 이 '전이해'(前理解)는 지성적이기보다는 실존적인 것이다. 그것은 순수하게 대뇌의 과정이라기보다는 실존의 양식에 속한다. 이와 유사하게 불트만의 '전이해'의 사용에 있어서 하나님에 대한 질문은 우주적 가설로서가 아니라 개인들이 직면하는 가장 깊은 쟁점들에 관한 질문으로 살아있다.[28]

현존의 역사성에 대한 불트만의 강조는 하이데거로부터 크게 영향을 받았다.[29] 시간 안에 살고 있는 인간 존재는 어떻게 살 것이며 어

---

27 데이비드 퍼거슨, 『불트만』, 117; 불트만과 하이데거 사이에 교감과 실존주의의 영향에 관해서는 다음의 책을 참고하라. 알리스데어 헤론, 『20세기 신학 사상』, 한숭홍 역 (서울: 성지출판사, 1997), 152-168.
28 데이비드 퍼거슨, 『불트만』, 118.
29 불트만의 신학에서 하이데거의 영향력 여부에 관해 다른 입장을 취하는 경향을 가진 학자들도 있다. 콩던에 따르면 하이데거가 불트만으로부터 오히려 영향을 더 많이 받았다고 주장한다. 불트만과 하이데거의 관계에서 하이데거를 우위에 두려는 것은 주로 영어권의 해석자들에 의해 주장되었으며 이 때문에 불트만과 하이데거 모두를 오해하게 되었다고 말한다. "하이데거가 바울의 윤리에 관한 불트만의 세미나에 참석함으로써 Marburg에서 활동하기 시작했으므로, 불트만이 하이데거에 영향을 받았다기보다는 하이데거가 불트만에 의해 영향을 더 받았을 수 있다." David W. Congdon, "Is there a kerygma in this text?: A review article", *Journal of Theological Interpretation* 9 no 2 (Fall, 2015): 307. 콩던(David W. Congdon)은 불트만의 신학이 지금 다시 활기를 찾고 있는 이유와 불트만의 신학의 밝은 미래를 전망하고 있다.

떻게 미래를 맞을 것인가에 관한 근본적인 선택에 직면한다. 하이데거에게는 본래적 실존과 비본래적 실존이라는 두 개의 기본적인 가능성이 있다.

이것들은 불트만의 신학적 해석의 원리가 되며 그로 하여금 인간의 삶을 두 개의 신학적 가능성, 즉 신앙 이전의 실존과 신앙의 실존으로 볼 수 있게 한다. 이것은 그의 바울 해석과 칭의론에서 가장 명백하게 나타난다고 하면서 자유주의 신학의 유산과 변증법적 신학의 결정적인 통찰을 결합시키고자 했다.[30]

하이데거의 '실존론적'(existential)과 '실존적'(existentiell) 사이의 구별 역시 불트만 사상에 깊이 뿌리박고 있다. 실존 분석은 인간의 삶의 일정한 형식적인 특징의 존재론적 묘사이다. 이것은 하이데거로부터 빌려온 것이지만 불트만은 실제적인 존재적 실재의 기초에 관한 실존적 이해를 구성하는 것에 대해서 자유롭게 말한다.[31] 불트만에 의한 실존론적과 실존적 사이의 구별은 계시의 자율성을 보호하기 위하여 구상되었다.

철학적 전이해가 암시적인 신앙이나 반성 이전의(pre-reflective) 계시의 지식을 함유할 수 없다. 하이데거의 분석은 단지 신학적 과제를 위한 형식적인 개념으로 사용된다. 그의 철학은 신학자들이 말할 수 있거나 없거나 하는 것을 통제하는 형이상학적 체계가 아니다. 그것은 단순히 불트만에게 인간 실존에 대해서 반성하기 위한 일단의 적합한 범주들을 제공한다.[32]

---

30 데이비드 퍼거슨, 『불트만』, 118.
31 데이비드 퍼거슨, 『불트만』, 118.
32 데이비드 퍼거슨, 『불트만』, 120.

신에 대해 아무것도 말하지 않고 현존재에 대한 실존론적 존재론적 분석만을 시도하려던 젊은 하이데거의 해석학적 현상학은 신화를 재해석하여 신약성서의 본래적 기독교 신학에 이르려고 했던 불트만의 비신화화(非神話化, Entmythologisieren)의 신학, 실존론적 신약성서 해석의 시도와 상당히 유사하다.

불트만의 성서 해석학이 신화를 실존론적으로 재해석하며 신약성서를 기독교 신앙의 자기 이해의 표현이라고 보고 실존론적 해석을 시도하고 있다는 점에서 방법론적으로 하이데거의 기초존재론(基礎存在論)과 극히 유사성을 나타내고 있다.[33]

신약성서에서 실존의 비본래성과 본래성이 될 수 있는 실존의 두 가지 가능성을 읽은 불트만은 현존재의 타락(비본래성)에서 벗어나와 본래성을 향하여 선취적 결단을 하도록 부르고 있는 하이데거의 실존주의 철학과 또한 유사하다.[34]

여기서 불트만에게 대립되고 있는 두 가지 실존의 가능성은 자기를 상실해서 일상인(日常人, das Mann)이 되는 '비본래적 결단'과 참 자기가 되려는 '본래적 결단'이라는 것이 아니라(하이데거) 인간의 자

---

33 참고. Hammann Konrad, "Die Entstehung von Bultmanns Jesus-Buch", *Zeitschrift Für Theologie und Kirche* 107, no. 2 (June 2010): 214. 해만 콘라드는 불트만의 책 예수의 기원을 연구하는 이 글에서 신학자로서 불트만은 그의 책 예수에서 철학자 사이의 토론의 증거가 있지만, 그는 하이데거와의 대화 전에 독자적으로 '실존적 해석'의 주요 특징을 이미 개발했다고 매우 설득력 있게 주장하고 있다.

34 참고. Hans Hübner, "'Existentiale' Interpretation bei Rudolf Bultmann und Martin Heidegger", *Zeitschrift für Theologie und Kirche* 103, no 4 (Dec, 2006): 567. 한스 허버너는 이 논문에서 불트만과 하이데거 사이의 교류에서 공통적인 해석법으로 실존론적 방법을 취하지만 그들의 대화가 끝까지 성공한 것은 아니라고 한다. 그러나 이런 철학과 신학의 상호 질문들이 다시 시작될 수 있도록 서로 간의 지적 성찰과 신학적, 철학적인 사고를 할 수 있는 데 까지 이르는 사고에 매진해야만 신학이든 철학이든 새로운 시대를 열 수 있다고 충언을 한다.

기 실현의 시도와 하나님의 종말론적인 심판과 은총의 행위에 의한 인간의 실현을 말하며 하이데거의 실존주의 철학을 넘어 실존주의 신학의 길을 걷는다.[35]

불트만은 우리 시대에 가장 중요한 철학은 실존주의 철학이고 이것을 신학에 적용해서 실존주의 신학을 만들어 실존주의 철학을 뛰어넘는 업적을 이루었다. 성서의 실존론적 해석이 바로 이런 작업 후에 나온 신학적 결과이다. 불트만은 그의 신학의 방법론을 '실존론적 방법'으로 일관되게 나간다. 이런 신학적 방법론을 가지고 쓴 대표적인 논문이 "신약성서와 신화"이다.

1941년 4월 21일에 발표한 이 논문은 20세기에 일어난 가장 큰 신학적 논란에 속한다. 이 논문은 신학계에서 즉각적인 집중을 받아 수많은 학자가 토론에 참여하게 된다. 이 논문은 곧 책으로 출판되었고 나중에는 평신도들도 토론에 가세하게 되었다. 이것이 불트만의 '비신화화' 논쟁이다. 불트만은 비신화화 논쟁으로 말미암아 명성과 악명을 동시에 얻게 된다. 상당수의 신학자는 불트만의 이 논문의 영향과 여파가 바르트의 『로마서 강해』에 버금간다고 평가한다.

하지만 불트만의 비신화화는 당시에도 많은 오해를 불러 일으켰고 아직도 상당 부분은 그 오해의 연장 속에 있다.[36] 이것은 오히려 그의 신학이 아직 살아 있으며 계속 연구의 대상이 되고 있다는 증거일 것이다. 그러나 불트만은 자신을 향한 극도의 칭찬이나 극도의 비난을 동시에 받았지만 어느 쪽으로도 관심이 없었다. 그는 자신에게 주

---

35 발터 슈미탈스, 『불트만의 實存論的 神學』, 393-395.
36 김동건, 『현대신학의 흐름: 계시와 응답』 제1권, 448.

어진 신학적 과제라고 여기는 것을 향해 흔들림 없이 나아갔다. 이것이 바로 그로 하여금 예수 그리스도 안에서 하나님의 말씀을 올바로, 의미 있게 듣도록 하게 했다.[37]

불트만은 히틀러 정권 때에 자신의 저작들이 교회의 투쟁을 위해 많은 도움을 주었다고 말한다. 1934년 '고백교회'가 설립된 후로 그곳에 속해 있으면서 그의 친구들 함께 그 안에서 자유로운 학문적 연구가 반동적 경향에 직면해서 적절한 위치를 지킬 수 있도록 노력했다고 한다.[38] 그는 히틀러 정권의 제3제국 시절에 유대인 친구들을 다양한 방법으로 지지했다. 유대인뿐만 아니라, 유대인 혈통의 유대인 학자들과 기독교 신학자들과도 관계를 유지했다. 제3제국 동안 일부 기독교 신학자는 국가 사회주의에서 유대인의 인종 차별을 신약성서를 이용해서 신학적으로 도왔지만 불트만은 유대인에 대한 이 비판이 근거가 없다는 것을 말해 왔다.

실제로 불트만은 신약성서 본문에 대한 반유대주의 주장에 강하게 반대했다.[39] 불트만은 학자로서 자신에게 주어진 신학적 결단으로 시대의 악과 저항했던 사람이다. 그래서 우리는 불트만을 '서재의 학자'로만 오해하는 글[40]에 동의할 수가 없다.

37　데이빗 우디어드, 『현대 신학자들의 하나님 이해』, 한인철 역 (서울: 대한기독교서회, 1995), 34.
38　루돌프 불트만, "자서전적 회고", 318.
39　Hammann Konrad, "Rudolf Bultmanns Begegnung mit dem Judentum", *Zeitschrift für Theologie und Kirche* 102, no 1, (March, 2005): 39.
40　이종성, 『신학적 인간학』 (서울: 대한기독교출판사, 1986), 178.

2) 불트만 신학의 최근 연구 동향

불트만은 많은 비판과 아울러 많은 찬사를 동시에 받은 신학자임을 우리는 알고 있다. 따라서 필자는 연구의 방향과 연관된 선행 연구를 크게 두 부류로 나누어서 살펴볼 수가 있다.

첫째, 불트만의 신학에 대한 오해 때문에 생기는 신학적 성격을 규정하는 말로 그의 신학이 '인간학'으로의 전이(轉移)되었다는 비판을 살펴보아야 할 것이다.

둘째, 지금도 여전히 뜨거움이 식지 않은 불트만의 성서 해석학으로 "비신화화"에 관한 논의에서 불트만에 대한 평가가 어떤지를 살펴보려고 할 것이다. 여기서 불트만을 이단으로 몰고 가는 비판이나, 목사일 수가 없다는 비판에 대해서는 학문적 근거도 없고 비판하는 당사자들이 불트만의 글 자체를 올바로 이해하지 못하는 경우가 허다하기에 연구할 가치가 없다.[41]

특히, 그를 비판하는 학자들 가운데 카파(J. Capa)의 주장과 다음과 같은 부류의 주장에는 동의할 수 없다.

> 불트만은 신학을 인간학으로 전락시켰기 때문에 신학을 훼손시켰다.

41　B. 야스페르트, 『루돌프 불트만 신학의 재조명』, 황현숙 역 (서울: 한국신학연구소, 1994), 24.

카파는 불트만의 성서 해석의 큰 공헌을 인정하기는 하지만 루터주의에 빠진 신학자로 보고 있다.[42] 물론 부정적으로 비판하는 학자이건 긍정적으로 호응을 하는 학자이건 불트만의 신학을 인간학으로 전이된 신학으로 바라보는 시각은 여전히 남아 있다.[43]

그러나 불트만은 자신의 신학은 인간학이 아니고 오히려 하나님을 객관적으로 서술하려고 하는 신학적 이상주의야말로 이것이 더욱 인간학으로 전락된 신학이라고 비판한다.[44]

불트만의 신학을 인간학으로 전락된 신학이라고 비판하는 것은 다음과 같은 불트만의 주장을 오해한 것일 뿐이다.

> 신학이 하나님에 대해 사변하거나 하나님이라는 개념에 대해서 말하지 않고, 살아계신 하나님에 대해서 말해야 한다면 신학은 하나님에 대해 말함과 동시에 인간에 대해서 말할 수밖에 없는 것이다.[45]

그러나 이에 대해 불트만은 다음과 같이 말했다.

---

[42] Juan Chapa, "La antropología teológica de Rudolf Bultmann", *Scripta Theologica* 36, no 1, (Jan. 2004): 231.

[43] Karl Barth, *Bultmann-An attempt to understand him,* in: Hans-Werner Bartsch (ed.), *Kerygma and Myth*, 2 vols. (London: S.P.C.K, 1964), 114; 불트만은 칼 바르트가 그의 신학이 인간론으로 환원된다고 비판한 최초의 인물이었음을 인정한다(Ibid., 107f); Heinrich Ott, "Geschichte und Heilsgeschichte in der Theologie Rudolf Bultmanns", *Beiträge zur historischen Theologie* 19 (Tübingen: J.C.B. Mohr, 1955). 그의 책에서 오트는 처음으로 불트만의 인간론적 신학과 하이데거의 존재론적인 철학 사이의 관계를 조직적으로 탐구하려고 시도했다.

[44] 루돌프 불트만, "신에 관해 말한다는 것은 어떤 의미를 가지는가?", 『學問과 實存』Ⅰ, 허혁 역 (서울: 성광문화사, 1981), 124-125.

[45] Rudolf Bultmann, *Glauben und Verstehen I* (Tübingen: J. C. B. Mohr, 1980), 117.

우리가 하나님으로부터 하나님을 말할 수 있다면 우리의 실존으로부터도 말할 수 있을 것이고, 그 순서를 바꾸어 말할 수도 있을 것이다. 하여간 하나님으로부터 말하는 것이 가능할 때 그것은 동시에 우리로부터의 말일 수밖에 없을 것이다. 그러므로 하나님으로부터 말하는 것이 어떻게 가능할 것인가를 묻는다면, 오직 우리로부터 말하는 것으로서만 가능하다고 답변할 수밖에 없다는 것이 옳다.[46]

한편, 김동건은 이런 불트만의 신학에 대해 다음과 같이 말하고 있다.

불트만은 실존주의의 인간론을 대체로 인정하고 받아들여서 인간을 절망과 좌절이라는 범주에서 본다. 불트만은 인간이 실존의 비본래성을 극복하고 본래성을 회복하는 것을 하나님의 은혜라고 보았다. 하지만 그는 인간이 매순간 삶의 위기에서 실존적 결단을 요구받고, 이 결단을 통해 하나님을 만날 수 있다고 주장한다.
인간이 구체적인 삶의 상황 속에서 위기에 처하고 바른 결단을 통해 자신을 찾을 수 있다면, 본래적 인간이 될 수 있는 전환의 가능성이 인간 내부에 있다는 의미이다. 불트만은 오직 신앙과 은혜를 강조하지만, 동시에 실존적 결단을 아주 강조한다.

불트만은 인간 혼자서 실존적 결단을 내릴 수 있는 가능성이 있다고 보는 것인가?

---

46 Rudolf Bultmann, *Glauben und Verstehen I*, 130.

> 그렇다면 은혜는 무엇인가?
> 은혜를 강조하면서 결단을 요청하는 이유가 무엇인가?
> 이 질문들은 불트만의 인간론에 바탕을 두고 있다.[47]

필자는 김동건의 불트만에 대한 위와 같은 주장에 동의한다. 무엇보다 이런 불트만의 하나님의 은혜와 인간의 결단의 조화와 긴장의 관계를 바르게 이해하지 못하면 그의 신학을 오해하게 된다. 그래서 "인간학으로 신학을 훼손시켰다"라는 오해가 생기는 이유도 이런 연유에서 나온 것이라고 볼 수 있다.

불트만의 해석학에 있어서 신학이 단순히 인간론으로 환원된다는 주장을 하는 사람들은 분명히 한 가지 중요한 요소를 소홀히 한다. 그것을 은총의 구원 사건과 하나님을 말하는 일에 대한 불트만의 강조점이라고 앤서니 C. 티셀톤(Anthony C. Thiselton)은 반박한다.[48]

구체적으로 말하자면 불트만의 "하나님의 초월성에 대한 강조와 좀 더 구체적으로, 말을 건넴, 만남, 케리그마, 결단, 수용, 실천적인 반응에 관한 그의 관심 등" 이런 특징적인 요소들이 그의 해석학이 "오직 이해의 문제일 뿐이지 듣고 수용하는 문제는 아니라"[49]는 결론을 내리지 못하게 만든다.

47　김동건, 『현대신학의 흐름: 계시와 응답』 제1권, 390.
48　Anthony C. Thieselton, *The Two Horizons: New Testament Hermeneutics and Philosophical Description with Special Reference to Heidegger, Bultmann, Gadamer, and Wittgenstein* (Exeter: The Paternoster Press, 1980), 291.
49　Anthony C. Thieselton, *The Two Horizons: New Testament Hermeneutics and Philosophical Description with Special Reference to Heidegger, Bultmann, Gadamer, and Wittgenstein*, 287.

이 점에서 불트만의 해석학은 그가 하나님과 그의 말씀과의 만남과 대화에서 예증되는 초월적 요소에 시종일관 집중한다는 특징이 있음이 아주 분명해진다. 바로 이 요소가 그의 해석학이 배타적인 인간론으로 환원되지 못하도록 막아준다고 볼 수 있다.

한편, 복음에 대한 불트만의 '실존론적 해석'이라고 하는 문제 제기와 방법론은 확장되고 발전되어 오늘날 전 세계적으로 신학계에서 나 또한 목사와 교사가 실천적 관점에서 성서를 연구할 때 교파를 초월하여 성서를 이해하는 하나의 가능한 길임이 입증되었다는 야스페르트(B. Jaspert)의 말은 타당하다.[50]

불트만의 실존론적 성서 해석의 방법으로 나온 "비신화화" 작업으로 인한 오해는 불트만의 신학을 잠재우지 못할 것이며, 그의 신학적 판단의 옳았음이 긴 시간이 지난 오늘날에야 비로소 그 진가를 발휘할 것이라[51]는 콩던(D. W. Congdon)의 평가도 매우 타당한 지적이다.

또한, 성서의 "비신화화" 신학을 다시금 재조명하여 현대의 교회 신앙을 가장(假裝)한 폭력적 설교에 도전을 주고 새로운 방향을 모색

---

50 B. 야스페르트, 『루돌프 불트만 신학의 재조명』, 27.
51 David W. Congdon, "Is there a kerygma in this text?: A review article", *Journal of Theological Interpretation* 9 no 2 (Fall, 2015): 299-311. 콩던은 불트만의 신학이 실존을 강조하다보니 인간론으로 귀착되어 교회론이 약화된다는 불트만의 반대자(R. W. L. Moberly)에게 불트만의 신학은 결코 교회론이 약화되지 않으며 그의 신학 전반에서 교회 공동체를 부각시키고 있다고 강조한다. 그 예로 불트만의 신학에서 핵심이라 할 수 있는 '선포'가 공동체적이고 선포(선교)를 통해 교회가 존재함을 피력한다. 그리고 불트만의 선포 이해는 나치의 국가 사회주의(National Socialism)에 대항하는 고백교회의 운동을 지원한 신학으로서 참다운 교회론이 형성된 신학이라는 것을 밝히고 있다. David W. Congdon, "Kerygma and Community: a Response to R. W. L. Moberly's Revisiting of Bultmann", *Journal of Theological Interpretation* 8 no 1 (Spring, 2014):12-15.

한 정재현의 논문[52]을 보아도 불트만의 신학이 여전히 살아있는 신학임을 입증하는 것이고, 불트만의 신학은 21세기의 오늘에도 여전히 논의의 대상이 되고 있다는 방증일 것이다. 아울러 바클레이(John M. G. Barclay)도 다음과 같이 말한다.

> 우리가 신학적으로 탐구하는 것을 꺼려하고 그것을 다른 사람에게 떠넘기기를 선호한다면, 우리는 성서 연구를 신학적으로 한계에 봉

---

[52] 정재현, "인격성의 폭력과 탈신화화: 신정론적 발상에 대한 불트만 해석학의 처방을 시도하며",「신학사상」172집 (2016): 173-207; 이 논문은 2014년 4월 16일 발생한 세월호 참사와 같은 비극적 사건에 대한 해명을 위해 신의 의지적인 개입을 말하는 신정론적 발상이 지니고 있는 신화적 사유의 문제("세월호를 하나님이 빠뜨렸다"는 유의 설교나 주장들)를 들춰내고 이를 극복하기 위한 방안으로 신화에 대한 해석학적 성찰을 통해 보다 적절하게 이해하는 길을 모색하는 것을 위해 신화적 사유의 뼈대를 이루는 의인화와 이의 핵심적 개념으로서의 인격성으로 신을 이해하고 묘사하는 신정론적 발상의 의도하지 않은 왜곡과 억압이 초래하는 노예화의 문제를 비판하고 있다. 그리고 이와 동시에 그 안에 깔린 해방적인 의미를 재구성하기 위해 비신화화를 제시한 루돌프 불트만의 해석학적 연구를 집중적으로 분석한 글이다. 구체적으로, 인간의 유한성과 신의 신비성에 대한 반응으로서의 신화가 자연 세계 안에서 벌어지는 문제 상황에 대해서 초자연적인 힘을 자연적인 차원으로 끌어들임으로써 안정을 추구하려는 본능의 산물임을 밝히고 있다. 그러나 바로 이런 과정에서 알 수 없는 삶의 현실을 신의 의지로 해명하기 위해 인격성이라는 범주를 과도하게 신에게 적용함으로써 뜻하지 않게 신을 악마로 묘사하고 인간은 폭군이 된 신에 대한 공포와 억압으로 내몰려지게 되는 심각한 오류에 이를 수밖에 없음을 지적한다. 이런 문제를 극복하기 위해서 인격성이 저지르는 폭력을 고발하고 결국 신성의 전체를 싸잡을 수 없는 부적절한 범주임을 주장한다. 그리고 이에 대한 대안으로 피조 세계의 자연 법칙이 포함하는 무인격성이 신성에 대한 우리의 이해에 포함되어야 함을 역설한다. 아울러 신의 무인격성에 대한 인간의 무지와 미결이 인간 삶의 불가피한 요소이며 신의 적극적 탈출의 결과라는 점도 강조한다. 결국, 인간이 신을 전체로 싸잡아 알려고 하는 시도가 안정 욕구에서 비롯되었으나 인격성의 폭력의 원인이로되, 이를 극복하기 위해 계시가 요구하는 죽음과 모름에 대한 성찰로 삶의 뜻을 겸허하게 새길 것을 귀결시킨다. 물론 탈신화화의 해석이 신의 존재에 대한 부정을 담고 있다는 형이상학적 반론의 부적절성을 지적함과 동시에 해석학적 성찰이 지니는 한계에 대한 적극적인 수용의 필요성도 잘 다루었다.

착하게 만들 것이고, 더 나쁜 것은 성서 자체를 한낱 과거의 쓸모없는 텍스트로 만들어 버린다. 우리가 불트만에게 던지는 돌이 무엇이든 간에, 그는 적어도 그와 동시대인에게 의미 있고 살아 있는 신약성서를 세우려고 시도를 했다.[53]

이처럼 불트만 신학을 지나간 신학이 아니라 지금도 여전히 새로운 통찰을 제공해 주고 있기 때문에 불트만의 신학적 연구를 지지하고 있다.

이상과 같이 여러 자료들을 검토하는 가운데 불트만 신학에 관한 부정적 견해와 긍정적 평가가 분명하게 구분되는 모습을 볼 수 있었다. 다수의 긍정적인 평가의 저작들이 있기는 하지만 현재하는 그리스도와 인간의 결단의 연관성을 찾는 본 목적과 동일한 방향을 가진 논의는 찾을 수가 없다.

이런 상황이 연구의 어려운 점이기도 하지만 오히려 이것이 이 책의 장점으로 부각되어 불트만 신학을 새롭게 이해하는 길잡이 역할을 할 것으로 기대하며 한국 교회의 올바른 선포의 신학적 토대를 놓는 일에 기여하기를 기대해 본다.

---

53 John M. G. Barclay, "Interpretation, not repetition: reflections on Bultmann as a theological reader of Paul", *Journal of Theological Interpretation* 9, no. 2 (September, 2015):209. 바클레이는 이 논문에서 불트만의 『신약성서신학』(*Theology of the New Testament*)의 책을 평가하면서 우리 시대의 신학적 반성을 촉구하고 있다. 신학은 "반복이 아니라 해석"이어야 함을 강조하면서 불트만의 신학은 지금도 여전히 우리 시대 신학자들에게 통찰을 제공하고 있다고 말한다.

제2장

결단 앞에 선 인간

　불트만의 신학을 '인간학에 매몰된 신학'이라고 말하는 학자들이 있음을 앞에서 살폈고 이는 그의 신학에 대한 오해에서 비롯되었음을 말했다.

　불트만은 그의 신학을 펴는 데 있어서 인간을 강조하는 것은 분명하지만 결코 인간학으로 귀결되지는 않는다. 신학은 신에 대한 물음이지만 하나님과의 관계성 속에서만 이해할 수 있는 학문이기에 반드시 인간에 대한 물음을 전제로 한다.

　그렇기 때문에 인간에 대한 논의와 동시에 신론을 묻는 것이 불트만이 추구하는 신학적 방향[1]으로 보기에 여기서 먼저 인간에 관한 논의를 우선하고자 한다.

　이것은 인간론과 신론, 그리스도론이라는 신학적 구분이라기보다는 결단에 직면한 인간 자신으로서, 자기 자신이 그 대상이라는 차원에서의 논의라고 할 수 있겠다.

---

[1]　루돌프 불트만, 『요한福音書硏究』上, 허혁 역 (서울: 성광문화사, 1979), 201.

1. 실존적 인간

불트만은 인간을 이해함에 있어서 인간을 규정하는 생물학적 원칙이나 사회학적 규정을 사용하지 않는다. 그는 성서에서 인간의 상태를 규정하는 것을 제시하면서 인간 이해의 서술을 편다.[2] 그는 성서적 인간 이해를 바울 신학과 공관복음서에서의 예수의 선포에서 전개하는 가운데 상세히 서술하고 있다.

특히, 바울 신학에서는 '인간학적 개념들'[3]이라는 장에서 분석을 시도하고 있다. 여기서 바울은 "인간을 언제나 그의 하나님[4]과의 관계에서 보고 있다"[5]라고 언급한다.

이런 관계를 이해하려면 먼저 "인간 존재의 특수성, 즉 이런 존재의 형식적 구조들을 규명하는 것들을 분명하게 해야 한다"라고 한다. 그러므로 바울에 의해 전제된 인간 실존의 본질에 대한 이해도 하나님과 인간의 관계에 대한 그의 구체적인 진술들로부터 도출해 낼 수 있다.

---

2 루돌프 불트만, 『新約聖書神學』, 허혁 역 (서울: 성광문화사, 1997), 228. 불트만은 인간과 그의 역사를 위한 그 의미성에 관련시켜 볼 때 인간의 존재는 언제나 피조물로서의 인간을 말한다. 여기서 피조물로서의 인간이라는 것은 동물과 구별된 한 종족이라는 의미가 아니라 피조물적 인간성의 인간을 지적한다. 다시 말하면 하나님과의 관계에서만 인간을 말하고 있다.
3 루돌프 불트만, 『新約聖書神學』, 187.
4 불트만의 저작을 번역한 몇몇 책을 제외하고 대부분의 책에서는 '신'(神)으로 번역 되어 있다. 물론 의미의 차이는 크지 않으나 기독교 신학 논문이라는 특성상 이 책에서는 신(神)으로 번역된 모든 글을 '하나님'으로 바꾸어 사용했다. '하나님'으로 사용할 수 없어 반드시 '신'(神)으로 표시해야 하는 곳에는 책의 내용과 동일하게 '신'(神)으로 했다.
5 루돌프 불트만, 『新約聖書神學』, 187.

먼저 바울 신학을 통한 불트만의 인간 이해를 살펴보면 바울에게서 인간의 존재를 특징짓는 가장 포괄적인 개념은 'σῶμα'(소마)이다. 이는 일반적으로 '몸'(Leib), '신체'(Körper)로 번역된다. 하지만 이런 번역으로는 그 뜻을 충분히 해명하기가 어렵다. 그 이유는 몸을 인간의 한 부분으로 보거나 혹은 인간의 또 다른 부분으로서의 '혼'(ψυχή, 푸시케) 혹은 '영'(πνεῦμα, 프뉴마)과 몸을 구별하는데 친숙해 있기 때문이다.

그러나 우리에게 있어서 인간은 몸과 영과 혼을 모두 가지고 있다. 그렇지만 바울에게 있어서 바로 이 때문에 일반적인 의미에서의 '몸'은 바울이 특수하게 사용하는 σῶμα 개념과 일치하지 않는다. 왜냐하면, 바울에게 있어서 σῶμα는 전체 인간을 표현해 주고 있기 때문이다.[6] 이에 대해 불트만은 다음과 같이 말한다.

> σῶμα가 인간의 본래 자아에 외부적으로 결부되어 있는 것이 아니라 본질적으로 이 자아에 속해 있다. 그러므로 인간은 σῶμα를 가지고 있는 것이 아니라 인간 자신이 곧 σῶμα이다. 그 이유는 σῶμα를 단순히 '나' 혹은 문맥에 일치하는 인칭 대명사로 사용할 수 있는 경우가 빈번하기 때문이다.[7]

위의 글에서 볼 수 있듯이 불트만은 바울의 인간 이해에 있어서 σῶμα가 전인격으로 표시된다.[8] 그 예는 바울은 단 한 번도 죽은 몸,

---

6 루돌프 불트만, 『新約聖書神學』, 188.
7 루돌프 불트만, 『新約聖書神學』, 190; 고전 13:3, 9:27, 7:4; 빌 1:20; 롬 6:12-13, 12:1 등에서 σῶμα는 '나', '인물'이라는 의미가 드러나 있다(참고. 루돌프 불트만, 『新約聖書神學』, 190-191).
8 콘첼만도 불트만의 이해와 같은 이해로 바울의 인간 이해를 하고 있다. "σῶμα(몸)는 히브리어에서는 이 말과 꼭 일치하는 말이 없다. 그렇지만 구약성서에 나타나는 '몸'의 의미는 σῶμα라는 헬라어의 역사에 의해서 결정되는 것

시체를 σῶμα로 부르지 않았다는 것이다.[9] 그러나 바울이 인간을 항상 σῶμα로만 이야기하고 있는 것은 아니라는 사실을 불트만은 다음과 같이 말하고 있다.

> 인간이 σῶμα라고 불리워질 때는 그가 자기 자신을 자신의 행위의 대상으로 만들 수 있거나 한 사건, 한 일의 주체로 자기 자신을 경험할 때이다. 즉, 어떤 방식으로든 자기 자신으로부터 거리를 가질 수 있을 때이다. 더 정확히 말하자면 그가 자신의 주체이면서 자신에게 거리를 두는 자, 자기 자신의 행위의 대상으로 다루어지는 자, 자신의 뜻에서 발생하지 않은 사건에 예속된 자로 경험될 수 있는 자, 이런 자로서 인간은 σῶμα라고 호칭된다.[10]

위의 글에서와 같이 불트만은 σῶμα로서의 인간의 특징에는 인간이 자기 자신에 대해 어떤 관계를 가지고 있는 존재라는 것, 이 관계

은 아니다. 70인역은 종종 $bāsār$를 번역할 때 σῶμα를 사용했다. 여기서부터 육(σάρξ)과 몸(σῶμα) 사이에 어떤 근친성이 있는 것으로 발전되어 나갔다. 그러나 그 둘은 동의어가 아니다. 바울이 '몸'이라고 말할 때는 어떤 사람의 한 부분을 가리키는 것이 아니라, 하나의 특정한 견지에서 관찰될 때 전인(全人)을 가리킨다"(H. Conzelmann, 『신약성서신학』, 김철손 외 공역 [천안: 한국신학연구소, 1993], 207).

9 루돌프 불트만, 『新約聖書神學』, 191.
10 σῶμα가 육의 몸으로도, 전 인간, 즉 인격으로도 표시될 수 있다는 것은 구약성서와 유대교에서 흔히 보는 관찰 방식에 근거를 두고 있다. 그러므로 이 몸은 인간에게 있어서, 외부 세계의 대상들과 같은 물건이 아니라, 그에게 주어져서 그가 책임져야 할 그의 몸이라고 이해될 수 있다. 인간은 그 자신에 대한 제일 첫째 경험을 그의 몸에서 하고 마찬가지로 그 자신이 외부 세력들에 결부되어 있음도 제일 먼저 그 자신의 몸이 그런 세력에게 예속되어 있음에서 알게 된다. 그러므로 '자아'의 내적 관점과 '나'의 감성적 소여성의 관점이 나타날 때 우선은 구별되지 않고 존속한다(루돌프 불트만, 『新約聖書神學』, 192).

가 바른 것일 수도 잘못된 것일 수도 있다는 것, 인간은 자기 자신과 하나 될 수도 균열을 일으킬 수도 있다는 것, 자신을 소유할 수도 상실할 수도 있다는 것으로서의 가능성에 놓여 있는 것으로 보고 있다.

그러므로 "σῶμα 됨 자체는 어떤 선한 것도 어떤 악한 것도 아니다."[11] 오히려 인간이 선하거나 악할 수 있으며, 긍정적으로든 부정적으로든 하나님과 본래적인 관계를 맺을 수 있는 가능성은 인간이 σῶμα이기 때문에만 가능하다. σῶμα로서의 인간은 자기 자신을 이해에 개방할 수 있고, 자기 자신을 만나주시는 자로부터 살 수 있다.[12]

> 인간이 이미 σῶμα가 아니라면 그는 자기 자신에 대한 관계를 가지지 못할 것이고 이미 사람들이 아닐 것이다.[13]

불트만이 본 신약성서의 σῶμα는 인간이 그 자신의 행위 및 결단의 객체인 한에 있어서의 인간을 지칭하고 있다. 그리고 그에게 있어서 동일한 인간을 특징짓는 또 다른 개념들로 인간을 이런 행위와 결과의 주체로 이해하는 개념들이 있다고 보았다. 이런 개념들로 불트만은 ψυχή(혼), πνεῦμα(영), ξωή(생명), νοῦς(理性, 이성), καρδία(마음), συνείδησις(양심)을 취급하면서 인간을 지칭할 수 있는 개념들이 다양하게 사용되었다.[14]

---

11 루돌프 불트만, 『新約聖書神學』, 194.
12 σῶμα로서의 인간은 스스로 하나님을 만날 수 있는 존재가 아니다. 주체적으로 만나 주시는 분과의 관계를 맺을 수 있는 가능성으로서의 인간을 말하는 것이다.
13 루돌프 불트만, 『新約聖書神學』, 194.
14 루돌프 불트만, 『新約聖書神學』, 199-223.

하지만 그 개념들은 σῶμα에서 벗어난 특이한 것이 아니고 결국에는 인간, 즉 '나'를 보는 여러 가능성들이 인간학적 용어들을 통하여 해명하고자 하는 바울의 신학적 노력인 것이지, 인간이 두 부분 또는 세 부분으로 구성되어 있다는 것을 증명하려는 것이 아니라는 것이다.[15]

다시 말해, 불트만이 성서에서 말하는 인간 이해는 이분설이나 삼분설과 같은 인간의 구성 요소에는 관심을 가지지 않는다. 그에게 있어서 인간 실존의 문제에서는 오히려 이런 관념들이 거추장스러운 것이 된다. 인간은 언제나 이미 그의 본래의 존재를 상실했고 그의 노력은 처음부터 전도(顚倒)된 것, 악한 것이라고 보고 있지만 인간은 언제나 하나님 앞에 세워진 자로 보고 있다.

선할 수도 악할 수도 있는 존재론적 가능성은 동시에 하나님과의 관계를 가질 수 있는 존재적 가능성이다. 그리고 이런 인간을 지은 하나님, 즉 창조자로서의 하나님은 바울에게 있어서 세계의 성립과 현존(現存)을 있는 그대로 설명하려는 우주론적 이론을 뜻하는 것이 아니다. 그것은 오히려 '인간의 실존(Existenz)에 적중하는 명제'이다.[16]

불트만은 바울 신학에서와 같이 공관복음서에서 인간 이해를 예수의 선포에서 살핌으로 인간 실존의 이해를 해명하고자 했다. 예수의 선포의 내용에서도 마찬가지로 불트만은 인간을 헬레니즘적인 신비주의의 인간학적인 이원론의 의미로 보지 않는다. 예수의 선포에서

---

15 루돌프 불트만, 『新約聖書神學』, 205.
16 루돌프 불트만, 『新約聖書神學』, 224-225.

예수는 인간의 비극을, 신적인 영혼의 지상의 육체에의 구속(拘束)—영혼의 정화와 해방 제의적인 수단에 의해서든, 명상이나 예배나 참선에 의해서든—을 논하지 않으면서 다음과 같이 말한다.

> 하나님의 나라는 인간 안의 최고자가 본질상 그것과 유사한 그리고 영혼이 정신적 체험에 의해 그리로 들어가게 되는 어떤 정신적 힘이나 영역이 아니다. 모든 체험의 경건성은 예수에게서 전적으로 멀 뿐이다.[17]

위의 내용과 같이 이런 모든 것으로는 실로 재차 하나님에 대한 인간의 권리 주장의 자리가 마련될 것이고, 하나님에 대한 인간의 자세는 결국 자신을 신적인 것에까지 올려놓는 것이 될 것이다. 예수가 아는 것은 오직 하나님에 대한 순종의 자세뿐이다.

인간을 오로지 결단에서 보기 때문에 예수에게 있어서 인간의 본질은 의지와 자유한 행위에 있고, 이에 반해 육체와 정신이라는 두 실재(實在)가 인간 안에서 활약한다고 보는 이원론적(二元論的)인 인간 이해는 아무런 의미도 가지지 못한다. 왜냐하면, 인간의 실존은 의지에서, 행위에서 통일적이고 전체적이기 때문이다.

존재론적 영(靈)과 육(肉)의 대립에 대한 가르침을 예수의 선포에서는 전혀 찾을 수가 없다. 인간의 감성(感性)은 인간 안에 있는 악이 아니다. 마찬가지로 인간의 영혼이 인간의 육체 안에 깃들어 있다는

---

[17] 루돌프 불트만, "예수", 『學問과 實存』 IV, 허혁 역 (서울: 성광문화사, 1987), 271.

사상도 불트만에게는 멀다. 다만 "인간의 의지가 악하면 인간 자체, 즉 인간 전체가 악한 것"이다.[18]

이렇게 인간 실존의 본질에 대한 예수의 파악을 불트만은 자신의 인간 이해의 준거점으로 삼는 가운데 다음과 같이 말한다.

> 인간은 결단에 직면하는 것을 그의 본래적인 본질로 파악한다는 사실에 대한 예수의 파악에 있는 것이다. 예수는 인간을 하나님의 행위 앞에서 결단에 직면해 있는 존재로 보며 이것이 인간을 본질적으로 인간으로서 규정하고 있는 한, 항상 마지막 시간(운명과 죽음)만이 존재할 뿐이다.[19]

다시 말하자면, 인간을 하나님의 미래 행위에 의해 결단에 처한 자로 이해함으로, 즉 하나님의 말씀으로 들려지는 예수의 선포 앞에 자신의 최후를 인정하는 종말론적인 자세를 가질 것인가로 자신을 평가할 준비가 되어 있는 자에게만 그 의미가 주어진다고 할 수 있다.[20]

이처럼 불트만의 입장에서는 예수가 이해한 인간은 결단에 직면한 인간으로서 실존적 인간 이해로 동일하게 하고 있다는 것이다. 불트만의 신학에서는 언제나 하나님 인식과 자기 인식은 동시에 일어난다.[21] 이 명제는 분리될 수 없는 것이다.

---

18 루돌프 불트만, "예수", 271, 330, 341.
19 루돌프 불트만, "예수", 273.
20 루돌프 불트만, "예수", 276.
21 루돌프 불트만, 『요한福音書硏究』上, 201.

1) 불안에 직면한 존재

개인 특유의 구체적인 상황에 특히 관심을 집중시킨다는 데서 모든 실존주의 철학자의 공통된 경향을 들 수 있는데, 현존자(現存者)를 가능케 하는 근본 요인으로서의 '불안'(不安)과 인간의 '고독'(孤獨)과 극복될 수 없는 인간 존재의 '비극성'(悲劇性)도 공통된 경향이다. 다만 종교적 체험이라는 문제에 있어서는 관심의 방향이 모두 일치하지는 않는다고 본다.[22]

이에 대해 불트만도 그의 신학적 인간에 관한 이해를 실존주의의 영향을 받았다[23]는 것을 앞에서 살펴보았다. 그러나 불트만은 실존주의의 인간 이해를 넘어 성서의 하나님과의 관계성 속에서 인간을 이해하는 실존주의 신학을 추구하면서 인간 이해의 첫 출발은 '불안'의 개념으로 사용한다.

불트만은 신약성서에서의 인간을 "세계에 의해 포로가 된 인간이 무상성에 예속된 사물들을 위해 염려하며 노력하는 것"[24]으로 보면서 다음과 같이 말하고 있다.

---

22 한스 요아힘 슈퇴리히, 『世界哲學史』, 임석진 역 (왜관: 분도출판사, 1993), 425.
23 실존주의 철학이 인간에게 깨우쳐 주고자 하는 것은, 인간이란 객관적으로 인식될 수 있는 것과는 상이한 그 이상의 존재라는 사실이다. 실존주의 철학은 실존자로서의 인간, 어떤 경우에도 대상화될 수 없는 특유의 존재로서의 인간에 대한 호소력을 지닐 뿐이다. 그러므로 실존이란 이미 정해진 어떤 완결된 체계 내에서 활용되는 개념만으로는 설명될 수 없다. 그것은 실존주의 철학에 고유(固有)한 범주를 통해서 '해명'될 수 있다. 그것은 주로 자유와 상호 관계의 역사성이다(한스 요아힘 슈퇴리히, 『世界哲學史』, 430-431).
24 루돌프 불트만, "세계와 인간에 관한 이해", 『學問과 實存』 II, 허혁 역 (서울: 성광문화사, 1981), 53.

무상(無常) 중에서 죽음에 의해 성격 지어진 '세계'를 보고 있다. 그러므로 인간은 물론 세계에 의해 둘러싸여 있으며 세계 안에 갇혀 있다. 그러나 그것은 구원이 아니라 파멸에 마주하고 있는 상태로 보고 있다.[25]

위와 같이 인간은 개인적인 파멸에, 죽음이라는 불안에 마주해서 고독한 자로 죽음과 함께 하나님 앞에 서야 한다. 그러나 이런 불안을 해소하기 위해 인간은 자신의 방식으로 다양한 해결책을 강구한다. 인간은 불안과 죽음 앞에선 개인적 결단의 문제를 희석시켜 우주의 일원으로 흡수하는 방식으로 스스로 숨어버리며, 하나님의 말 앞에선 자신으로서의 결단을 보류한다. 결국, 인간은 이 세계 안에서는 자신의 삶의 안정성이 아니라 자신의 파멸을 발견한다.[26]

[그러나] 하나님의 말은 이 세계로부터 인간을 풀어내어 그를 하나님의 면전에 세운다. 그는 자신과 자신의 삶에서 이룩한 것에 관해 하나님 앞에서 변명해야 한다. 하나님의 말은 인간을 고독한 자로, 개별적인 인간으로 만든다. 인간은 '우주'의 한 지체가 됨—스토아적 인간 이해—으로 자신의 안전을 얻는 것도 자신의 지체됨을, 자신의 우주적 자리를 인식하며 승인할 때 자신의 휴식을 찾는 것도 아니다.[27]

---

25   루돌프 불트만, "세계와 인간에 관한 이해", 53.
26   루돌프 불트만, "세계와 인간에 관한 이해", 54.
27   루돌프 불트만, "세계와 인간에 관한 이해", 53.

인간은 이 세계의 운행 법칙이나 세계 사건의 양식을 터득함으로써 삶의 불안을 풀 수 있는 것이 아님에도 불구하고,[28] 인간은 이런 자신의 노력을 통하여 본래적 존재로부터 도망하려고 한다. 때로는 감정적 정열로, 때로는 고결한 것이라고 여기는 종교적 노력과 도덕적 노력으로 수행한다. 하지만 그런 노력은 곧 하나님에 대한 적대 행위라는 것을 알아야 한다.[29] 이 점에 있어서 불트만은 다음과 같이 말하고 있다.

> 인간은 자신의 운명에 대해서도, 자신의 행위에 대해서도 결국 타인이라는 사실, 그가 있는 그대로는 본래성에 속해 있지 않다는 사실 — 그가 이 사실을 의식하든지 숨기든지 간에 —을 드러낸다.[30]

이런 적대 행위를 바울은 율법으로 구원을 얻으려는 구원의 자기 확보와 같은 것이기 때문에 결국에는 자기 자랑에 빠지게 된다고 보았다. 인간을 하나님 앞에서 저주 받은 자로 만드는 것은 악한 행위만은 아니다. 오히려 율법을 실천에 의해 의롭게 되고 그로 인한 자기 자랑을 가지려는 의도가 바로 죄인 것이다.[31] 그 이유는 나의 실존은 일반적인 법칙과 안식에서 얻는 것이 아니고 지금 여기서 하나님의 말의 요구에 나의 개인적인 책임과 결단에서 얻어지기 때문이다.[32]

---

28 루돌프 불트만, "세계와 인간에 관한 이해", 54.
29 루돌프 불트만, 『新約聖書神學』, 237.
30 루돌프 불트만, 『요한福音書研究』上, 145-146.
31 루돌프 불트만, 『新約聖書神學』, 267.
32 루돌프 불트만, "세계와 인간에 관한 이해", 54.

불트만은 '죄'와 '불안'을 동일 선상에 놓고 이해하고 있다.[33]

죄의 핵심은 불안이다.[34]

그러므로 불트만에게 있어서 죄는 도덕적 수준의 함량 미달이나 인간적 실패와 실수를 말하지 않고 다만 하나님으로부터 사는 미래에 대해 개방적이지 못하고 자기 안정성을 지키려고 하는 인간의 불안이 곧 죄라는 것이다. 그러므로 불안의 핵심은 결국 하나님 앞에서의 불안이기에 하나님에 대한 반항인 것이다.[35]

인간은 불안을 스스로 제거하기 위해 많은 원리와 분석을 시도한다. 그러나 성서는 그런 법칙을 제공하는 것이 아니라 오히려 불안을 드러내어 하나님의 면전에 서도록 결단을 요청하면서 불트만은 다음과 같이 말한다.

하나님의 뜻에 의하면 인간은 미래로부터 살아야 하기 때문에 만일 불안 때문에 미래에 대해 자신을 열지 않으면 파멸에, 죽음에 떨어진다.[36]

인간은 신비하고 이상한 것들에 휩싸여 있다고 생각하고 자기 자신에 대해서 안심하지 못하고 자기보다 더 강한 세력들에 의해서 그

---

[33] 루돌프 불트만, 『新約聖書神學』, 245; 이 이해가 불트만과 실존주의 철학자들과의 차이라고 할 수 있다.
[34] 루돌프 불트만, "세계와 인간에 관한 이해", 56.
[35] 루돌프 불트만, "세계와 인간에 관한 이해", 56.
[36] 루돌프 불트만, "세계와 인간에 관한 이해", 56.

의 삶이 밀려가고 좌절당한다는 것을 의식하고 있는 인간은 이런 세력들을 신으로 섬기는 것이다. 이리하여 인간의 세상에 다양한 신들이 있다는 것이다.

불트만의 이해에 따르면 "다신 숭배는 인간 불안의 표현"[37]인 것이다. 즉 신의 제단이 많으면 많을수록 불안의 상징도 많은 것이다. 그래서 "알지 못하는 신"(행 17:23)에게까지 인간은 제사를 드리게 되는 것이다.[38] 이렇게 인간은 불안을 종교적으로 극복하기 위해 그들의 불안을 해소시켜 줄 신을 찾는다. 이 종교성으로 열의를 가지고 신들을 섬기며 자기를 바침으로써 원초적인 불안을 마비시키고 자기의 종교를 통해 현존재의 신비를 숨기려는 것이다.[39]

이런 종교는 스스로 인간이 이 낯선 것을 장악하고, 그것을 자기의 일상에다 끌어들이고, 그렇게 함으로써 그 신을 조정 가능한 신으로 만들고 자신의 안전을 구하려는 시도로서의 불안인 것이다.

이런 시도는 비단 종교 일반의 문제만은 아닌 것이다. 기독교 안에서도 하나님을 마치 운용 가능한 신처럼 생각하고, 기도는 반드시 응답을 받아야 하는 종교적 행위로 치부하는 것도 결국은 불안을 종교적 방법으로 해소하려는 비신앙적 일탈 행위로 볼 수 있다. 하나님의 말 앞에서 궁극적인 불안과 마주하기를 회피함으로 안전을 얻으려는 죄인의 행위인 것이다.

그러면 과학적 사고 일반을 진리처럼 떠받드는 현대인들에게는 미신적 제의가 사라지고 있기 때문에 인간의 불안이 사라졌는가?

---

37 루돌프 불트만, 『此岸과 彼岸』, 孫奎泰 譯 (서울: 大韓基督敎書會, 1976), 7.
38 루돌프 불트만, 『此岸과 彼岸』, 8.
39 루돌프 불트만, 『此岸과 彼岸』, 10.

신비에 덮여 있던 세계가 인간의 힘에 의해 드러나게 되었다. 그리하여 인간은 이제 "알지 못하는 신"(행 17:23)에게 더 이상 제사를 하지 않는다. 그렇다면 인간은 "알지 못하는 신"에 대한 저 신앙의 바탕을 이루고 있는 삶의 불안을 근절시킬 수가 있는가에 대한 물음을 던지게 된다. 그러나 인간이 자기 뜻에 맞게 세계를 지배하고 조작함으로 거기에서 어두움을 내몰려고 한다고 해서 이생의 불안으로부터 자유할 수는 없다.

오늘날에는 더 이상 '알지 못하는 신'을 인간 스스로 미신으로, 비과학적 산물로 여기며 예배하지 않는다. 그 어떤 제단도 만들지 않는다. 그런데 여기서 한 걸음 더 나아가 아울러 참 하나님도 예배하지 않는 무신성의 시대에 살고 있다. 그래서 현대를 무신성의 시대라고 한다. 그 이유는 인간 스스로 자신의 주인이 되려고 하기 때문이다. 자기의 불안을 자신의 힘으로 영구히 극복하려는 시도인 것이다.

이것은 대단한 시도인 것 같고 과학 기술의 진보로 그 성과를 내고 있는 것처럼 보인다. 인간은 자신의 힘으로 이 세계의 정복이 가능하고 이를 통해 인간의 삶이 보장받는 것으로 여긴다. 그런데 이것은 "인간이 가진 원초적인 불안정성과 문제투성이의 성격을 망각해 버리려는 유혹일 뿐"이다.[40]

아무리 기술이 발전하고 광대한 우주의 깊은 곳까지 들여다본다고 하더라도 인간이 인간으로서 해결할 수 없는 것이 이 세계에는 필연적으로 존재한다. 그것은 바로 '죽음'이다.[41] 인간은 '죽음'을 즐겁게

40　루돌프 불트만, 『此岸과 彼岸』, 13.
41　죽음에 대한 신약성서의 가르침을 불트만은 인간의 노력이 비록 그 때마다 구체적인 개별적인 것에 관련될지라도 결국 삶을 목표로 하기 때문에 잘못된, 미로

이야기하지 않는다. 그것은 자기 만족을 뒤흔드는 총체적인 문제이기 때문이다.[42]

우리가 흔히 말하는 "죽어서 천당 간다"라는 표현 속에 여러 가지 의미를 둘 수 있겠지만, 구원을 죽음 이후의 문제로만 말하면서 삶의 뒤로 우리의 '죽음'을 밀쳐놓는 것도 실상은 죽음 앞에 선 불안한 인간의 표현인 것이다. 이에 대해 불트만은 다음과 같이 말하고 있다.

> 죽음에서 인간은 필연적으로 그에게서 삶의 계산을 요구하는 하나님과 만나고, 사람은 자기의 삶의 계산을 그만둘 수 없고 또 결산을 내야 한다는 것을 알기 때문이다. 우리가 죽음에 대해서 말하지 않고 그것에 대비하지 못하고 있다는 사실에 발작적으로 수수께끼 앞에서 눈을 감아 버리려는 불안이 깃들어 있다.[43]

위와 같이 죽음에 대한 이해는 인간으로 하여금 자신의 안전을 확보하기 위해 피조 세계를 오용하게 한다. 즉, 자신이 이루어놓은 일들로부터 살며 그의 활동을 통해 자신의 삶, 자신의 안정성을 만들어낸다. 불트만은 이것을 바로 죄(罪)로 규정한다.[44] 그 이유에 대해 그

(迷路)의 노력은 죽음을 향한 길이 된다. 죄가 죽음을 초래한다는 것은 구약성서-유대교적 전통으로서 바울에게서도 자명한 것이다. 죄가 인간의 잘못된 노력이라면, 그리고 이 노력이 '육에 따른' 삶의 영역에서 즉 피조물과 지상-자연적인 것, 무상한 것에 속한 삶에서 일어난다면 죄는 내적 필연성으로 죽음에 이른다. 인간은 자신의 욕심을 따르면 생명을 얻으리라고 죄가 말하는 데 반해 자신이 실제로 얻는 것은 죽음이라고 한다(참고. 루돌프 불트만, 『新約聖書神學』, 245-247).

42 루돌프 불트만, 『此岸과 彼岸』, 14.
43 루돌프 불트만, 『此岸과 彼岸』, 15.
44 루돌프 불트만, "세계와 인간에 관한 이해", 56.

는 다음과 같이 말하고 있다.

> 생명을 제공하는 자로서의 창조자로부터 돌아서서 피조물로 돌아감이고, 동시에 지상적인 것을 향락하며 자신의 힘과 업적으로 생을 유지하려는 자기 신뢰이기 때문이다. 이 의미에서 육의 노력은 곧 하나님에 대한 적대 행위이다.[45]

위의 글에서와 같이 "육에 대해 자랑하고 신뢰하는 일"의 이면에는 자기를 위해 스스로 염려하는 인간의 불안이 깃들어 있다.[46] 이런 불안은 율법을 지키는 것(유대인)과 지혜를 추구하는 일(영지주의자)에 열심을 갖게 할 수 있다.[47] 즉 매우 영적이라고 여기는 일들이 오히려 육의 일이요 죄인의 행위인 것이다.

한편, 인간은 하나님으로부터 선사받은 삶을 살 때에만 자유로울 수 있고 불안을 극복할 수가 있다. 그러나 인간은 여전히 세상의 것으로부터 자신의 안정성을 추구하려고 한다. 바로 '자기 자랑'인 것이다. 율법을 준수하는 종교적 열정도 결국은 자신의 행위를 통한 안정성을 획득하려는 것이라고 본다. 이것이 결국은 '죄'인 것이다. 즉

---

[45] 루돌프 불트만, 『新約聖書神學』, 237.
[46] 루돌프 불트만, 『新約聖書神學』, 241.
[47] 율법에 충실한 유대인의 자기 자랑에서와 마찬가지로 지혜를 자랑하는 영지주의자의 자기 자랑에서도 인간의 기본 자세는 자주성이라는 사실로 드러난다. 이 자주성은 자기 포기를 인간의 본래적인 존재로 알지만 그것까지도 자기 손안에 넣고 결국은 자기 모순에서 끝나고 만다. 이것은 이상주의에서 "우리안의 신"(-deus in nobis)이라는 데까지 이르렀다(루돌프 불트만, "신약성서와 신화", 『學問과 實存』 II, 허혁 역 [서울: 성광문화사, 1981], 89-90).

"자랑하는(καυχᾶσθαι) 죄"[48]에 갇혀있는 것이다. 이것은 율법을 지킬 수 없는 범법이 곧 죄라는 것과 그 범법 앞에서의 불안에는 율법의 실천이 의를 획득할 수 있을 것이라는 망상이 자리를 잡고 있기 때문이다.

저 불안과 이 망상은 인간이 얼마나 깊이 죄 중에 숨어 있는가를 보여준다. "인간이 자신의 공적으로 하나님 앞에서 '자랑'을 얻으려는 한, 그는 하나님의 은혜 자체를 헛된 것으로 만든다."[49] 이렇게 인간은 불안을 해소하기 위해 자신의 노력에다 근거를 두고 율법의 준수를 따르지만 그 자체가 죄라는 사실을 불트만은 다음과 같이 말한다.

> 율법을 실천함으로 구원을 얻으려는 인간의 노력이 인간을 단지 죄에 끌어들이기 때문에, 아니 결국은 그 노력 자체가 이미 죄다. 인간이 피조물적 존재임을 잊고 자신의 존재를 스스로 설명하고 자신의 힘으로 그의 구원을 얻으려는 인간의 자주적인 노력, 육으로는 자랑하고 육을 신뢰한다는 데서 극단적으로 표현되는 저 시도가 죄다.[50]

불트만은 바울의 인간관을 해석하면서 바울은 인간의 생(生)이 '염려'에 의해 유지된다(고전 7:32)고 보았다. 누구든지 무엇을 염려하

---

[48] 루돌프 불트만, "세계와 인간에 관한 이해", 56. '자랑'이나 '만용'이 인간 불안의 전형적인 모습이라고 하는 것은 불트만뿐만 아니라 디트리히 본회퍼도 동일하게 지적하고 있다. "불안은 두가지로 나타나는데, 그것은 비겁함으로 나타나는 것과 마찬가지로 만용으로도 나타난다"(참고. 에버하르트 베트게 엮음, 『디트리히 본회퍼의 옥중서간』, 고범서 역 (서울: 대한기독교서회, 1995), 135.

[49] 루돌프 불트만, 『新約聖書神學』, 285.

[50] 루돌프 불트만, 『新約聖書神學』, 264.

고 있다. 자연인은 삶의 불안에서 안정을 얻으려고 노력한다. 가시적인 것에서 그리고 그의 가능성과 성과에 따라 "그는 육을 신뢰한다"(빌 3:3-4). 그리고 "안정성에 대한 의식은 결국 '자랑'으로 표현된다."[51] 그러나 이런 인간의 태도는 자기 본래의 실존인 생명을 잃고, 그가 좌우할 수 있으며 안정성을 찾을 수 있으리라고 여기던 것으로부터 오히려 노예가 되고 만다는 사실에서 불트만은 다음과 같이 말하고 있다.

> 이 때문에 인간은 신화적인 실재로 생각되는 것으로부터 지배를 당하게 된다.[52]

이처럼 불안에 직면한 존재로서의 인간은 그 불안을 극복하기 위한 방편을 결국은 자신의 가능성을 의지함으로 스스로 그 불안의 노예가 되어 버리고 만다. 더 나아가 인간은 자신의 가능성을 통해 불안을 해소하려는 달콤한 유혹에 빠지기도 한다. 결국은 자신의 가능성을 의지하고 그 가능성을 극대화하면서 구원의 문제를 해결하려고 하는 것은 곧 율법을 의지하려는 것이고, 불안의 해소 근거를 자기 자신 안에다 두는 것은 곧 우상 숭배인 것이라고 할 수 있다.[53]

---

[51] 루돌프 불트만, "신약성서와 신화", 79.
[52] 루돌프 불트만, "신약성서와 신화", 79.
[53] "알지 못하는 신"(행 17:23)에게까지 인간은 제사를 드리게 되는 것은 결국은 신을 의지하려는 외형적 태도에 자기 자신을 의지해 가시적인 자신의 안정성을 보장 받으려는 인간의 태도라고 볼 수 있다. 이런 것이 신앙의 이름으로 감행 될 경우 인간은 궁극적인 불안, 즉 하나님 앞에서의 불안을 알지 못하게 되고 결국 인간은 결단에 이르지 못하는 죄의 상태에 머물고 만다. 그래서 불안의 극복 근거를 자기 자신 안에다 두는 것은 하나님 앞에서 우상 숭배인 것이다.

불트만은 인간이 불안을 극복하기 위해 동료 인간을 형제적 사랑과 섬김이 아니라 경쟁의 상대자로 바라보는 것도 결국은 이김으로써만 불안이 극복되는 것이 아니라, 오히려 더욱 생명을 잃게 만드는 육적인 인간으로 굳어질 뿐이다. 그러므로 인간은 언제나 자신에 의해 조정 가능한 재물을 확보함으로써 안정을 찾으려 하고 거기에 자신의 안정성을 구축하려 한다고 말한다.

가시적인 것, 처분 가능한 것은 일시적이고, 또 그 까닭에 이것에서 삶을 유지하는 자는 누구나 일시적인 것, 즉 죽음의 지배를 받는다. 지배할 수 있는 것에서 사는 자는 그것에 완전히 노예가 된다. 지배할 수 있는 것에서 안전을 구하며 불안을 극복하려고 타인과 경쟁을 하는 사람은 누구나 다시 그에 대항하여 안정을 구하든지 스스로 자신을 지키든지 해야 된다는 데서도 이 사실은 잘 드러난다.

이렇게 해서 한편에서는 시기와 분노, 질투와 싸움 같은 것이, 다른 한편에서는 계약과 현상, 상식적인 판단과 척도가 생긴다. 이 모든 것에서 모든 사람을 에워싸는 분위기가 조성되고 이 분위기는 각자의 판단을 좌우한다. 개인은 그 정당성을 거듭 확인하기도, 분위기를 새로 조성하기도 한다. 이렇게 해서 인간은 자신을 괴롭히는 불안의 노예(롬 8:15)가 된다. 이런 불안 속에서 모든 것이—자신의 생명까지도—자신에게서 떨어져 나간다는 것을 희미하게 느끼면서 사람은 모두 자신과 자기 재물에 매달린다.[54]

이렇듯 인간은 가장 확고하게 눈에 보이는 재물을 확보하는 것으로 불안을 해소하려고 하지만 이는 결코 해결할 수 없는 망상임을 불

---

54 루돌프 불트만, "신약성서와 신화", 79.

트만은 지적한다. 본질적으로 인간은 누구나 스스로 자기의 미래를 보장해야 한다고 생각하는 것은 인간 일반의 당연한 생각이다. 인간은 내일 일에 대한 불안에 차서 미래에 대한 안전한 보장을 스스로 할 수 없다고 근심하거나, 아니면 열심히 노력하므로 미래를 보장할 수가 있다고 생각하거나 둘 중의 하나의 길을 택한다. 이 두 가지 중 어느 길을 택한다고 해도 인간을 지배하는 것은 결국 '근심'이다. 이런 사람은 사람의 수단들을 얻어야 한다고 하는 근심에서 벗어나지 못하며, 실제로 인간은 잡히지 않는 삶을 위해 애쓰며 근심할 뿐이다.[55]

더 나아가 인간은 무엇을 먹을지 무엇을 마실지에 대한 생의 일차적인 수단만을 확보하면 염려할 필요가 없다고 하는 망상에 사로잡혀 있다는 것을 알지 못하고 있다. 인간은 물질적인 생활 수단보다 더 심각한 것, 즉 이에 비하면 생활 수단에 대한 염려는 사소한 것으로밖에 생각할 수 없는 궁극적인 문제를 잊어 버렸기 때문에 인간은 참 생명을 잃어가고 있는 것이다.[56]

또한, 인간은 자신의 불안한 존재를 극복하기 위해 타인으로부터 인정을 받으려는 욕구는 '성취 열망이라고 하는 귀신'에 사로잡혀서 모든 자기의 행위는 사랑으로가 아닌 성취를 통해서 존경과 찬양을 강요할 수도 있는 것이다. 그들은 타인들로부터 존경을 얻는데 관심을 두고 있기 때문에 사실 그들은 타인들로부터 고립되고 참된 사귐을 불가능하게 한다.[57] 그 때문에 결국은 인간의 진정한 공동체가 무

---

55 루돌프 불트만, 『此岸과 彼岸』, 34.
56 루돌프 불트만, 『此岸과 彼岸』, 34.
57 인간 존재가 결코 자신을 위한 존재가 아니라 언제나 타인을 위한 존재인 한, 불

너지고 타인은 오직 자기 자신의 자의식을 위한 장식품으로만 여기는 잔인성이 남는다.[58]

사실 인간이라면 누구나 철저히 분석해 보면 자기의 실존에는 문제에 가득차고 불확실한 문제들이 내재해 있다고 느끼고 있으며 누구에게나 허무성과 공허에 대한 불안에 사로잡혀 있다. 그리고 인간의 삶이란 주로 인간으로 하여금 이런 내적 현실들을 무디게 하고 그 불안을 억누르려는 노력들로 구성되어 있다.[59]

불트만은 이처럼 자기 자신의 힘으로 하나님 앞에서 인정받으려고 하는 것이 인간의 원죄라고 말하며, 이 죄야말로 하나님의 영예를 더럽히는 것이라고 한다.[60] 그리고 이런 인정을 받으려는 열망에서 인간은 자기가 하나님의 피조물임을 잊어버린다.

이것이 인간이 자신 안의 불안을 자신의 힘으로 극복하려는 의지이며 자신에 대한 신뢰에 기초한 것으로 하나님을 향한 반항인 것이다. 따라서 불트만은 이와 같은 상황에 있는 인간이 결단해야 할 것을 다음과 같이 말하고 있다.

> 이런 불안을 근거로 한 자기를 위한 염려에서 역사적으로 살면서 인간은 과거와 미래 사이에서 물존(物存, das Vorhandene)과 일상인(das Mann)의 세계에 집착함으로써 자기를 상실할 것인가, 아니면 모든

트만의 인간 이해와 그의 신학적 해석인 실존론적 해석은 그 자체가 개인주의적인 해석이 아니라는 야스페르트의 주장은 불트만을 올바르게 이해한 통찰이다 (참고. B. 야스페르트, 『루돌프 불트만 신학의 재조명』, 106).

58 루돌프 불트만, 『此岸과 彼岸』, 170-172.
59 루돌프 불트만, 『此岸과 彼岸』, 175.
60 루돌프 불트만, 『此岸과 彼岸』, 178.

안정성을 포기하고 미래를 위한 과감한 개방으로 자기의 본래성을 찾을 것인가를 그때그때 결단해야 하는 순간에 처해 있다.[61]

인간은 자신이 성취할 수 있는 것에 너무 집착한 나머지 자신은 아직 그의 삶을 충분히 확립하지 못했다는 불안에 의해 점점 더 퇴락에로 빠져 들어가기 때문에 결국은 죄의 노예가 된다. 불안은 인간이 자기 자신을 위해 안정을 얻어야 한다고 생각하게 될 때 인간 마음 깊은 곳에서 움직이는 그것이다.[62]

그렇다면 이런 불안을 극복할 수 있는 무슨 대책이 있을 수 있는가?

처분 가능한 것으로부터의 그의 불가능한 가능성(seine unmögliche Möglichkeit)으로서 삶을 선택한 인간이 점점 더 철저히 '세상'에 집착하면 할수록 인간은 이런 사실이 자신에게 본래적인 삶을 점점 더 멀리하게 된다는 사실을 느끼게 된다.

> 죄(Sünde)는 일단 의식되기만 하면 항상 새로운 죄(Sündigen)를 만들어 낸다.[63]

그러므로 불트만에게 있어서 '불안'은 보편적 인간—성서(text) 가운데 등장하는 그때 인간이나 지금 여기에 있는 현재의 나 모두—

---

61 루돌프 불트만, "신약성서와 신화", 84-85.
62 루돌프 불트만, "예수 그리스도와 신화", 『學問과 實存』 III, 허혁 역 (서울: 성광문화사, 1981), 233.
63 발터 슈미탈스, 『불트만의 實存論的 神學』, 92.

실존의 삶의 연관(life-relationship)이다. 그러므로 모든 인간은 이 부름의 요청 앞에 서 있으며 어느 누구도 예외일 수 없다. 이런 의미에서 모든 사람은 구원―비본래적 존재에서 본래적 존재―을 필요로 한다는 것이다.

그러므로 인간은 자신의 힘으로 구원을 얻는 것이 아니다. 그 때문에 율법의 일들에 의해서 의롭게 되어서도 안 된다는 것이다. 불트만은 다음과 같이 말한다.

> [인간은] 창조자에 대한 자신의 예속성을 이해할 때에만 사실 구원을 얻을 수 있다.[64]

즉, 구원은 하나님에 대한 예속성이지 하나님으로부터의 벗어남이 아닌 것이다. 그리고 인간은 이 두 결단 아래 봉착해 있다는 것이다.

그러므로 구원에 대한 불트만의 또 다른 이해를 살펴보아야 할 것이다. 여기서는 결단을 요청하는 철학적 부름과 성서적 구원으로의 부름의 차이를 불트만이 어떻게 해명하는지를 살펴야할 것이다. 불트만은 실존주의 철학을 통해 성서의 인간 이해에 결정적인 도움을 받은 것도 사실이다.[65]

---

[64] 루돌프 불트만, 『新約聖書神學』, 265.
[65] 불트만이 신약성서의 실존 이해를 전개시키는 데 사용한 개념은 본질적으로 하이데거에 의해 사용된, 그리고 부분적으로는 하이데거 자신이 만들어낸 용어들을 사용했다. 인간 실존의 분석을 추구한 하이데거의 철학 작업과 하나님을 묻는 불트만의 신학 작업은 바로 이 물음에서 일치한다. 불트만과 하이데거는 출발점이 근본적으로 다름에도 불구하고 인간에 관한 물음을 숙고하고 있다는 것이다. 하이데거가 인간 실존에 관한 이해와 불트만의 성서적 인간 이해와 그 맥이 일치한다는 것을 불트만은 부인하지 않는다. 불트만이 생각하는 실존론적 분

그리고 불트만은 일반 텍스트에 적용되는 해석학적 원칙을 성서에도 똑같이 적용한다. 실존주의 철학도 인간의 한계를 정확히 분석하고 인간의 결단을 요구한다. 한편, 실존주의 철학과 성서의 케리그마 사이에는 진정한 차이에 대해 불트만은 실존주의 철학은 인간의 현재 상태와 새로운 가능성에 대해 이론적으로는 결단의 가능성을 제공하지만, 실제적인 능력은 주지 못한다고 보면서 다음과 같이 말한다.

> 철학도 본래성은 항상 결의에서 파악될 수밖에 없음을 알고 있다. 그러나 철학은 본래성에 대한 지식이 인간으로 하여금 그 본래성을 지배하게 한다고 주장한다. 그 본래성은 지속적으로는 실현되지 않지만 그때그때 실현될 수 있는 것이다. 너는 너일 수 있다. 너는 너이어야 하기 때문이다. 철학은 원칙적인 가능성을 이미 실제적인 가능성으로 간주한 것이다. 그러나 신약성서의 주장에 의하면 인간은 실제적 가능성을 상실했다.[66]

위의 글에서와 같이 불트만은 철학의 본래성에 대한 한계를 지적하고 있다. 그는 케리그마의 해석을 실존주의 철학과 구별하는 시도를 할 때 타락을 주어진 조건으로 간주함으로써 자연인이 타락에서

석은 '실존과 함께 주어진 자기 이해의 방법론적 전개'이기 때문이다. 즉, 이것은 철학적 실존 분석의 일로써 신학자라고 할지라도 사용에 문제가 없다고 불트만은 보고 있다. 여기서 신학과 철학이 만날 수 있다는 점을 강조하고 있다. 이런 의미에서 불트만은 인간 실존과 더불어 주어져 있는 실존 이해를 적절한 개념으로 전개시키려 노력하는 철학을 올바른 철학이라고 말한다(참고, 발터 슈미탈스, 『불트만의 實存論的 神學』, 71-73).

[66] 루돌프 불트만, "신약성서와 신화", 89.

자신의 진정성으로 나아갈 수 있는 가능성을 다음과 같이 부인한다.

> 신약성서는 인간들이 이미 생명을 가지고 있다는 것을 부인하고 그들의 상태를 철두철미 절망적인 것으로 본다.[67]

불트만은 그 이유를 단순하게 '인간은 죄인'이기 때문이라고 주장한다. 다른 말로 인간은 죄인이기 때문에 자신을 구원하지 못한다. 즉 다음과 같이 말한다.

> 신약성서는 인간 자체가 철저히 타락했다고 주장한다.[68]

그러므로 인간은 스스로 죄의 상태를 벗어나지 못한다.
그러면 죄와 신앙이 불트만에게서 무슨 의미를 가지는가?
불트만은 죄를 독립적 실체나 인간의 일시적인 실패로, 혹은 "인간이 자기 상황을 통찰하기만 하면 스스로 벗어날 수 있는 심리 상태"[69]로 보지 않고 인간 전 존재의 직접적인 표현으로 본다.
하나님이 존재론적 상태를 위한 신화론적 상징이 아니고 인격적 하나님인 것과 마찬가지이다. 죄는 생명을 준 창조자에게서 벗어나 피조 세계를 향하는 것이라고 하면서 다음과 같이 말한다.

---

[67] 루돌프 불트만, "신약성서와 신화", 88.
[68] 루돌프 불트만, "신약성서와 신화", 88.
[69] 루돌프 불트만, "신약성서와 신화", 88.

> 인간은 자신의 안전을 위해 피조 세계를 오용(誤用)한다. 그는 자신이 이루어 놓은 일들로부터 산다.[70]

위와 같은 주장에 따라 죄 속에 있는 인간은 삶을 추구하더라도 이를 하나님에게서가 아니라 세상에서 찾는다. 그리고 인간이 자신의 안정을 하나님에게서 찾지 않는 이유는 하나님이 결코 자기 마음대로 되지 않기 때문이라고 보았다. 만약 인간이 하나님으로부터 삶을 추구한다면 인간은 자신의 실존에 대한 불안정을 두려워한다. 그러므로 세상에서 생명을 추구하는 것은 자신이 조정할 수 있는 것을 추구한다는 것을 의미한다고 하면서 다음과 같이 말하고 있다.

> 세계를 지배하며 그렇게 함으로서 자신을 안전하게 하려는 노력이 일반적으로 인간의 태도이다.[71]

위의 글은 결국 자신이 마음대로 할 수 있는 삶을 전제하는 것이다. 따라서 궁극적인 죄는 삶(생명)을 창조자가 준 선물로 보지 아니하고 자신의 능력으로 조정하려는 것이며, 하나님으로부터가 아니라 자신의 자아로부터 비롯되는 삶이다.[72] 이런 방법으로 인간은 자신이 성취할 수 있는 것에 더욱 매달리기 때문에 인간은 죄의 노예로 넘겨진다.[73]

---

70 루돌프 불트만, "세계와 인간에 관한 이해", 56.
71 루돌프 불트만, "세계와 인간에 관한 이해", 62.
72 김동건, "불트만의 비신화화론과 구원의 의미", 「神學과 牧會」 24 (2005년 11월): 123.
73 루돌프 불트만, "신약성서와 신화", 79.

인간은 '자기 자랑'이라고 하는 성취 열망이 결국은 다음과 같다.

> 자기 본래의 실존인 생명을 잃고, 그가 좌우할 수 있으며 안정성을 찾을 수 있으리라고 생각한 영역의 노예가 되고 마는 것이다.[74]

그러므로 만약 인간이 자신의 힘으로 율법을 지킴으로써 신 앞에서 의를 이룰 수 있다고 생각한다면, 이런 열정적인 율법의 완성과 성취는 인간의 이 세상으로의 타락의 한 표현일 뿐이다.[75] 불트만은 이런 '자기 의'로 가장한 죄에 대해 강하게 지적하면서 다음과 같이 말한다.

> 인간을 하나님 앞에서 저주받은 자로 만드는 것은 악한 행위들 뿐도 아니고 비로소 그런 것도 아니다. 율법 실천에 의해 하나님 앞에 의롭게 되고 그의 자랑(καύχημα)을 가지려는 의도가 이미 죄이다. 그러므로 인간을 죄에 끌어들이되 그의 욕심을 자극함으로 범법케 하는 것만이 율법의 구원사적 의미가 아니다.
> 그것은 인간에게 극단적인 가능성, 즉 계명에 대한 자신의 저항을 역행시켜 오히려 율법을 실천함으로 '자신의 의'를 얻으려고 노력하는 최대의 가능성을 제공한다는 점에서도 구원사의 의미를 가진다. 매우 잘 이해되는 역습(逆襲)이다. 율법의 소유로 직접 주어진 혹은 양심에 의해 깨우쳐진, 범법이 죄라는데 관한 지식과 그리고 범법 앞에서의

---

[74] 루돌프 불트만, "신약성서와 신화", 79.
[75] 루돌프 불트만, 『新約聖書神學』, 267.

불안에는, 그 실천—욕심의 극복으로 선한 일의 외관(外觀)을 취하는 바—이 의(義)를 얻어낼 수 있을 것이라는 망상이 자리 잡고 있기 때문이다. 저 불안과 이 망상은 인간이 얼마나 깊이 죄 중에 숨어 있는가를 보여준다.[76]

위의 글에서와 같이 죄의 본질을 이야기한 불트만은 죄를 다음과 같이 정의한다.

자신을 안전하게 하고 그렇기 위해 지배할 수 있는 것을 구하고 일시적이며 지나간 것에 집착하는 인간의 태도, 그것이 바로 죄이다. 왜냐하면, 불가시적인 것과 자기를 선사하는 하나님의 미래에 대해 자신을 폐쇄하는 태도가 그것이기 때문이다.[77]

위의 글에서와 같이 불트만은 죄란 하나님의 미래에 대해 자신을 폐쇄하고 스스로 안전하게 할 수 있는 것에 집착하는 것이라고 했다. 반면에 신앙은 죄 아닌 상태를 의미한다. 성서는 생명이 항상 선물임을 말한다. 실존의 진정성(authenticity)은 그것을 주신 하나님에 대한 순종인 삶을 선물로 받아들이는 가운데 가능하다. 따라서 불트만에게 있어서 신앙은 다음과 같다고 말한다.

---

76 루돌프 불트만, 『新約聖書神學』, 267.
77 루돌프 불트만, "신약성서와 신화", 80.

인간의 참 삶은 불가시적(不可視的)이며, 마음대로 지배되지 않는 것에서 오는 삶이기 때문에 스스로 만들어낸 모든 안정성을 포기하는 삶이다. 이것이 바로 영에 의한 삶이며 신앙 안의 삶이다.[78]

위의 글에서와 같이 신앙이란 자신의 모든 안정성을 포기하는, 오직 하나님 안에서 안정(security)을 찾는 것이다. 따라서 진정한 삶은 복종의 행위 속에서 이루어진다. 이런 삶은 모든 종류의 자기 추구적 안정에 대한 포기를 의미한다. 그러므로 신앙은 미래를 향해 자기 개방성을 가진다는 것을 의미한다. 그리고 그런 신앙은 순종이라고 하면서 불트만은 순종에 대해서 다음과 같이 말한다.

> 순종은 자기 자신에 대한 부인(否認), 모든 안정성의 포기, 스스로 세력과 생명을 얻으려는 일과 자신에 대한 신뢰의 단념이며, 오직 죽은 자를 일으키고 없는 것을 있게 하는(롬 4:17) 하나님만을 신뢰하는 결의이며, 하나님에게만 기대하며 자신에게는 기대하지 않는 하나님에의 철저한 '자기 포기'(Hingabe)로서 세상적으로 지배할 수 있는 모든 것에서의 해방이기 때문이다. 즉 탈세계화와 자유의 자세이다.[79]

위와 같은 주장에 근거해서 불트만은 신앙은 다름 아닌 복종이라고 본 것이다. 왜냐하면, 이는 인간의 자기 자만을 포기하는 것이고 자신으로부터 자유로워지는 것을 의미하는데 이것은 순수한 신뢰,

---

[78] 루돌프 불트만, "신약성서와 신화", 79.
[79] 루돌프 불트만, "신약성서와 신화", 80.

아무런 보장 없는 신뢰, 하나님에 대한 전적인 신뢰를 의미하기 때문이다. 그래서 신앙은 붙잡는 것이 아니라 붙잡히는 것이며 그 때문에 항상 '아직 아니'와 '그래도 이미' 사이를 가는 것이고, 목표를 향한 끊임없는 경주(競走)로서의 현재 진행형인 것이다(빌 3:12-14).[80]

한편, '비본래적(inauthentic) 삶'에서 '본래적 삶', 성서적 용어로 하자면 죄에서 신앙으로의 길은 인간에게 개방된 길이다. 하지만 인간은 자신을 구원하지 못하므로 하나님의 은총이라는 도움을 필요로 한다. 불트만도 이 점을 잘 알고 있는데, 다음과 같이 말한다.

> 하나님의 은혜는 죄를 용서해 주는 사유의 은혜이다. 다시 말하면 그것은 과거의 속박으로부터 인간을 해방시키는 은혜이다.[81]

위의 글에서 불트만이 말하는 죄의 용서는 법적인 개념이나 형벌을 사면하는 것과는 다른 개념이다. 그렇다면 인간의 상태는 여전히 옛 상태로 남을 것이다. 오히려 '용서는 죄로부터의 자유'를 뜻한다.[82] 불트만은 하나님이 "그리스도 안에서" 이미 우리의 구원을 위

---

[80] 루돌프 불트만, "신약성서와 신화", 81. 불트만이 인간의 해방을 말하는 것은 '해방신학'(解放神學, liberation theology)에서의 해방이라는 개념과는 다르다. 불트만은 인간 해방을 정치적, 사회적 제도의 구조적 억압에서 해방이라는 것보다 인간 자신의 불안으로부터의 해방, 즉 자기 자신으로부터의 해방이라는 의미로 사용한다. 그러나 이런 불트만의 실존주의 신학이 형이상학적 신학 이론에만 머문 것이 아니고 오히려 제3세계의 신학으로서 남미의 '해방신학'과 한국의 '민중신학'에 큰 영향을 끼쳤다는 것을 밝힌 김동건의 주장은 의미 있는 일이다(참고. Dong-Kun Kim. *Jesus: From Bultmann to the Third World* [Bern: Peter Lang, 2002]).
[81] 루돌프 불트만, "신약성서와 신화", 79.
[82] 루돌프 불트만, "신약성서와 신화", 93.

해 행하셨다는 것을 다음과 같이 주장한다.

> 자신의 본래적인 삶은 오직 자기 포기에서만 찾을 수 있으나 어떤 노력에서도 그는 여전히 그 자신, 즉 자주적인 자로서 남기 때문에 결국 그 포기를 실현할 수 없음을 잘 알고 있음이 사실이라면, 그의 본래적 삶은 그가 그 자신으로부터 해방 될 때에만 그에게 실제적으로 가능하기 때문이다.[83]

한편, 신약성서의 예수의 선포나 사도들의 선포는 바로 이것을 말한다. 결국, 그리스도 사건의 의미는 바로 인간 해방이다. 이것은 인간이 행할 수 없는 곳에서 하나님이 그를 위해 행하며, 행했었다는 것을 뜻한다. 하나님은 인간의 구원을 위해 행하셨다. 이것은 오직 그리스도의 십자가와 부활을 통해 확보되었다. 그러므로 구원의 토대는 인간으로서는 선물로 받아들여야 하는 그리스도의 죽음과 부활이다. 불트만은 이 사실을 강조하며 다음과 같이 말한다.

> 그리스도의 죽음과 부활의 구원 사건이 선행된 하나님의 은혜의 행위라는 것과 이 행위를 서술하는 상이한 화법들이 이 사건의 전례 없음 및 인간의 상황을 근본적으로 개조하는 그것의 능력을 표현하려고 하는 것은 명백하다. 이것은 순수하게 하나님에 의해 제기된 사건이다. 이것은 인간에게 은사 외에 다른 것이 아니다. 인간은 이것을 받으므로 자신의 생명, 자신의 자아를 얻으려는 잘못된 노력―

---

[83] 루돌프 불트만, "신약성서와 신화", 91.

이로써 그는 그것을 상실하는 것—에서 풀려나고, '하나님의 의'에서 생명을 선물로 받는다.[84]

지금까지 살펴본 것처럼 불트만은 실존주의 철학과 케리그마를 동일하게 보지 않았다. 우리는 그 차이의 핵심을 '신앙과 죄'라는 개념으로 살펴보았다. 성서의 증언은 인간이 진정한 신앙의 상태로 나아가는 것은 오직 은총에 의한다고 말한다. 불트만도 은총에 의한 새로운 삶을 구원이라고 보았다. 즉, 실존주의 철학과 케리그마의 결정적인 차이는 바로 '구원'에 대한 이해에서 비롯된다고 볼 수 있다.

불트만은 인간의 자주성으로 구원을 얻는 것은 불가능하다고 생각하며 구원의 토대를 오직 그리스도로 여겼다. 따라서 실존주의 철학과 케리그마를 구별하는 최종적 기준은 구원의 토대가 되는 '그리스도'에 있다.[85] 신약성서의 그리스도는 언제나 인간을 구원에로 부름으로 현재한다.

2) 부름의 결단 앞에 선 인간

불트만은 역사적 예수의 선포는 인간을 향한 오로지 결단 앞에 세우는 부름으로 규정한다.[86] 예수의 선포에서 주도적인 개념은 하나님의 지배(βασιλεία τοῦ θεοῦ, 하나님의 나라)라는 개념이다. 이미 지금 나타나는 그 나라의 시작을 그는 선포했다.

---

84 루돌프 불트만, 『新約聖書神學』, 297.
85 김동건, "불트만의 비신화화론과 구원의 의미", 125.
86 루돌프 불트만, 『新約聖書神學』, 2.

하나님의 지배는 종말론적 개념이다. 이 개념은 하나님의 통치를 뜻하는데 이 통치는 지금까지의 세계의 흐름에 종지부를 찍고 세계를 지금 탄식케 하는 모든 반신적(反神的)인 것, 사탄적인 것을 멸하고 그와 함께 모든 곤궁과 고난을 거두고 예언자들의 약속의 성취를 고대하는 하나님의 백성을 위해 구원을 불러들인다.[87]

이 부름을 불트만은 더욱 철저하게 몰고 간다. 종교적 의식에 의한 결단이라든가 심리적 안정감에서 오는 유리한 위치를 점하려는 의미에서의 종교적 행위는 불트만이 말하는 부름의 결단을 요청하는 예수와는 거리가 멀다. 이 사실에 있어서 불트만은 다음과 같이 말한다.

> 도래하고 있는 하나님의 지배에 직면하여 인간이 행할 수 있는 것은 오로지 각오하고 있는 것 또는 준비하고 있는 것 뿐이다. 지금은 결단의 때이고 예수의 부름은 결단으로의 부름이다. 그의 호소가 종국 직전의 하나님의 마지막 말이고 그런 것으로서 결단으로 부른다는 점에서 인물로서의 그는 결단의 요구를 의미한다. 지금이 마지막 시간이다.
> 지금 이것이냐 저것이냐가 결정된다!
> 지금 인간이 실제로 하나님과 그의 나라를 원하는가, 또는 이 세상과 그 재물을 원하는가가 물어진다. 그리고 이 결단은 철저해야 한다.[88]

---

87 루돌프 불트만, 『新約聖書神學』, 2.
88 루돌프 불트만, 『新約聖書神學』, 7.

위와 같은 주장에 따라 불트만은 모든 사람은 예수의 결단의 부름 앞에 예외 없이 세워져있다는 사실을 강조한다. 그런데 인간은 그 마음을 '하나님인가, 이 세상의 재물인가'를 놓고 대개 지상의 재물과 근심에 사로잡혀 있다. 그래서 그들은 결단해야 할 때 그것을 거부해 버린다.

하나님의 나라에서는 모든 것을 희생해야 할 각오를 해야 한다. 마치 보화를 발견한 농부가 자신의 전 재산을 다 팔아서 보화가 묻힌 밭을 사듯이, 혹은 상인이 값진 진주 하나를 얻기 위해 가진 것을 모두 파는 것처럼(마 13:44-46), 이 세상에 대한 거부는 어떤 금욕적인 종교적 덕목이 아니라 하나님 나라에 대한 하나님의 소박한 요구라고 말한다.[89]

> 때가 찼고 하나님의 나라가 가까이 왔다 회개하라(막 1:15).

불트만은 이와 같은 예수의 첫 호소,[90] 즉 이 부름은 예수의 모든 부름의 종합이라고 말하면서 예수는 인간에게 회개를 요청하는 자로서 우리와 만난다.[91] 그러므로 우리는 이 결단의 부름의 요청을 들을 때 언제나 예수의 말과 함께 "하나님의 나라가 도래했다. 회개하라"라는 이 메시지는 하나님의 나라가 도래할 것이라는 미래적 확신성

89　루돌프 불트만, 『新約聖書神學』, 9.
90　요한복음에서 예수의 첫 부름말로서의 호소를 요한복음 1:37에서 "너희는 무엇을 구하느냐?"로 기록되어 있다. "예수의 이 물음은 그에게로 오는 모든 사람에게 제기되어야 할 첫 물음이며, 그가 분명하게 해야 할 물음이다"(참고. 루돌프 불트만, 『요한福音書研究』上, 103).
91　루돌프 불트만, 『新約聖書神學』, 19.

을 말한 것이 아니고 하나님의 나라가 급박하게 "지금 여기"에 "이미 왔다"는 것이다.

그러므로 인간에게 주어진 유일한 결단의 길은 '회개' 뿐이라는 것이 예수의 선포의 의미인 것이다. 이제 피할 수 없으며 막다른 길에 죄인의 모습으로 서게 된다. 우리가 예수를 직면하는 자리는 언제나 막다른 길에서이다. 제3의 길을 갈 수 없는 죄인으로 드러나야 하기 때문이다.

그런데 먼저 불트만이 죄를 어떻게 이해하는지에 대해 살펴볼 필요가 있다. 왜냐하면, 성서에서의 예수는 죄인을 부르셨기 때문이다. 그러나 얼마나 많은 사람이 죄인인지에 대해 신약성서에서 예수는 말하지 않았다. 일반적으로 하는 말로 '전부가 죄인'이라는 이론, 즉 '원죄론'도 예수는 전개하지 않았다. 왜냐하면, 죄는 정녕 지금과 여기의 구체적인 것들에서 하나님에 의해 규정된 것이지, 이론적으로 파악할 수 있는 무시간적인 인간 본질의 어떤 일반적인 속성이 아니기 때문이다.[92] 하나님을 일반 명제에 의해 말할 수 없는 것과 마찬가지로—바로 그 때문에—죄에 관해서도 그렇게 말할 수 없다는 것이다.

따라서 죄는 실로 인간에게 있는 어떤 것이 아니고 죄된 인간의 존재 성격이다. 그러므로 예수는 사람들에 관해 그들이 죄인이라고 말하지 않고, 죄인인 사람들에게 말한다. 즉, 죄인인 사람들을 부른다.[93]

---

[92] 루돌프 불트만, "예수", 371.
[93] 루돌프 불트만, "예수", 371; 이런 불트만의 관점은 그의 인간론을 형성하는 주요한 틀이 된다. 결단하도록 요청받는 인간은 죄인으로서의 인간이다. 즉, 죄인

더구나 예수는 죄의 개념을 장황하게 설명하지도 않고 다만 죄는 하나님에게서 멀리 있는, 즉 하나님의 요구를 거부하는 인간만이 가지는 고유한 성격이라고 하면서 불트만은 다음과 같이 말한다.

> 지금 여기에서의 결단이 인간에게 그의 성격을 부여한다면, 인간이 자신의 죄를 자기의 참 본질을 고려할 때, 문제도 되지 않을 약함으로, 혹은 인간이 그것에 대해 자기의 정상적인 본질을 끌어다 댈 수 있을 한 예외에 불과할 과실로 간주함으로써 <u>스스로 만족하거나 자기를 변명할 수는 없다</u>. 왜냐하면, 결단에서 전인(全人)이 요구되어 있는 것 같이 또한 전인이 모험에 걸려 있고, 그의 태도로 그의 전 미래가 결정되기 때문이다.[94]

그러므로 인간이 회개의 촉구에 직면해서 경험 세계의 피안에 있는 그의 정신적인 본질을 지지할 수 없다. 또한, 죄를 형이상학적 관념으로도 밀쳐놓을 수도 없다는 것이 불트만의 이해이다.

따라서 인간의 죄는 그의 윤리적인 차원의 자료가 되는 어떤 상태나 인간이 마땅히 극복해야 하고, 할 수 있는 어떤 목록의 것을 표시하는 것이 아니다. 도덕적인 어떤 흠결로 죄의 경중을 하나님 앞에서 말할 수도 있는 것이 아니다. 인간은 오로지 죄인인 것이다. 오히려 그가 전체로서 그런 것이고, 따라서 보다 나은 자아의 힘으로 넘어설 수도 없는 그런 것이다. 그는 하나님 앞에 죄인으로 서 있다.

이기에 결단이 요청된다는 것이다.
[94] 루돌프 불트만, "예수", 371.

즉, 그의 죄는 상대적인 성격을 지닌 것이 아니라, 절대적인 성격을 지니고 있다. 그는 심판을 받고 있고, 그가 그럴 수 있을, 혹은 행할 수 있을 어떤 것을 지시할 수 없다.[95]

죄인인 인간에게 도대체 무엇이든 도움이 될 수 있는 것이 있다면, 그것은 오직 하나님이 그를 용서하시는 것 뿐이다. 예수는 하나님의 용서를 선포한다.[96] 불트만은 이것을 구원이요 해방이라고 하며,[97] 다음과 같이 말하고 있다.

> 하나님이 인간을 그의 과거로부터 자유롭게 하는 방식은 곧 죄의 용서이다. 죄의 용서는 인간의 과거의 도말(塗抹) 외에 다른 것이 아니다. 다시 말하면, 인간이 아직 아닌 자로서, 미래의 사람으로서 그를 받아들이는 것 외에 다른 것이 아니다. 이것은 다시 불안을 그에게서 탈취하고, 그렇게 함으로서 미래를 향해 그를 자유롭게 한다는 것을 뜻한다.[98]

위의 글에서와 같이 불트만은 죄의 용서는 자유로움이라고 했다. 그에게 있어서 해방하는 하나님의 사랑과 용서는 이념에 있지 않고, 오직 구체적인 인간의 시간적인 삶에서 일어나는 사건으로서만 현실적인 것이다.[99] 하나님과 그의 물음, 그의 요구, 그의 은사는 바로 구체적으로, 역사적으로 일어나는 사건으로서의 이 세계에서 만

---

[95] 루돌프 불트만, "예수", 371.
[96] 루돌프 불트만, "예수", 372.
[97] 루돌프 불트만, "세계와 인간에 관한 이해", 59.
[98] 루돌프 불트만, "세계와 인간에 관한 이해", 59.
[99] 루돌프 불트만, "예수", 379.

난다.[100]

그러므로 결단의 문제들과 더불어 인간에게 항상 미래를 열어주는 역사적 삶의 이 세계는 현실적인 세계이다.[101] 하나님은 용서하는 자로서 인간을 언제나, 즉 역사적 사건에서 만나는 방식과 다르게 만나지 않는다.[102] 왜냐하면, 죄와 용서는 둘 다 인간의 삶에서 일어나는 시간적인 사건이기 때문이다.

그러므로 죄는 인간의 본질이나 인간적인 본성에 대한 어떤 일반적인 규정, 가령 감성이라던가 죄인의 마술적인 혹은 신비적인 성품이 아니다. 왜냐하면, 예수는 악한 자연을 알지 못하기 때문이다. 예수가 악한 것으로 아는 것은 오로지 순종하지 않는 인간의 악한 의지뿐이다. 그렇기 때문에 용서의 은혜도 마술적인, 혹은 신비적인 방법으로 죄인에게 부어 넣어져 그를 변화시키는 고차원적인 자연이 아니다.[103] 신약성서의 소식은 용서하는 하나님 이념, 하나님의 은혜를 이념으로 보게 하는 세계관이 아니다. 그것은 오히려 죄를 용서하는 하나님의 행위의 선포이다.

하나님의 행위의 자유와 임의(任意)가 하나의 구체적인 역사적 인물인 나사렛 예수에게서 결정적으로 모든 세계와 모든 시간을 위해 행동했다는 데서 천명된다. 하나님은 그를 통해 모든 사람에게 말을 걸며 물음을 제기한다. 여기에서 하나님의 용서의 말을 들으려는가, 하나님의 은혜를 받으려는가에 대한 모든 인간의 운명은 예수 그리

---

100 루돌프 불트만, "세계와 인간에 관한 이해", 58.
101 루돌프 불트만, "예수", 59.
102 루돌프 불트만, "예수", 59.
103 루돌프 불트만, "예수", 380.

스도에게서 결정된다. 그는 곧 하나님의 종말론적 행위이다.[104]

불트만은 그의 책 『예수』에서 예수의 선포 속에 나타난 예수의 인간 이해를 서술하면서 자신의 인간 이해를 다음과 같이 피력하고 있다.

> 예수에게 있어서 인간은 그 감정들과 정신에서 신적인 자연의 힘이 넘쳐 흐르고 작용하는 한 우주적인 본질이나, 소우주나, 신적인 것의 반사경이 아니다. 또 예수는 인간에게 감성과 정신, 저급한 것과 고상한 것을 구별하거나, 가령 육의 감옥에 갇혀 있지만 질료에서 빠져 나와 하나님과 합일함으로써 구원되어야 할 신적인 것에 관해서도 말하지 않는다.
>
> 인간은 전적으로 악하나 그의 눈이 밝지 못하고 그의 마음이 불결하며 그의 의지가 순종하지 않는다면, 인간은 언제나 오직 그의 의지를 가지고 하나님 앞에서 결단에 직면해 있는 자로서만, 그리고 하나님은 인간에게서 순종을 요구하는 의지로서만 생각되고 있을 뿐이다.[105]

불트만에 의하면 이런 인간을 향해 예수는 구원에로의 부름말로 결단을 요청하고 있다.

> 예수의 선포는 언제나 종말론적인 선포이다.[106]

---

104 루돌프 불트만, "세계와 인간에 관한 이해", 59.
105 루돌프 불트만, "예수", 341.
106 루돌프 불트만, "예수", 257.

즉, 지금 약속의 성취가 곧 도래하며 지금 하나님의 나라가 침입해 들어온다는 소식이다.

> [예수의 부름은] 결정적인 시간에 마지막이며, 결정적인 말과 함께 파견된 것이다. 그러므로 이것을 이해하는 자, 그를 인하여 실족하지 않는 자는 복이 있다(마 11:6). 왜냐하면, 그를 따르든가, 그에게 반대하든가 결단을 내려야 하기 때문이다.[107]

불트만이 바라본 예수의 선포는 인간의 불안을 극복시키는 진정한 불안 앞으로 인간을 밀어 넣고 있으며, 그 요청 앞에 서서 인간의 결단을 예수의 선포되는 말씀을 통하여 요구하고 있다. 하나님의 말은 그의 인격적인 실존으로 인간을 부르며 그것으로써 세계와 염려로부터의, 그를 정복해 오는 불안으로부터의 자유를 그에게 제공한다.

하나님의 말을 믿는다는 것은 순수하게 인간적인 모든 안정성을 포기함이며, 그 안정성을 오로지 하나님에게서만 찾겠다는 과감성이다. 다시 말해, 말을 믿는다는 것은 안정성을 볼 수 없는 곳에서의 안정이다.[108] 그러므로 불트만은 인간의 결단과 희생 앞에서 다음과 같이 말한다.

> 인간은 그가 하나님 나라를 위해 결단하고, 모든 것을 희생하려는가 라는 막중한 이것이냐 저것이냐 앞에 세워져 있다.[109]

---

107 루돌프 불트만, "예수", 259.
108 루돌프 불트만, "예수 그리스도와 신화", 234.
109 루돌프 불트만, "예수", 260.

그런데 예수의 요구는 인간을 향해 한 번도 이 절박함에서 비켜서지 않았다. 불안으로 규정된 인간을 향한 예수의 선포는 불안에 대한 적당한 위로나 마음 다스림의 미신적 종교적 가르침과는 멀다. 오로지 예수의 선포는 불안을 극복하기 위해서 오히려 더 근원적인 불안으로 몰아넣고 있다.

바로 세상의 모든 인간의 불안에 대항하는 불안으로서 하나님 앞에서의 불안이다. 이 하나님 앞에서의 진정한 불안을 마주하지 아니하고는 이 세상의 모든 상대적인 불안으로는 인간의 자기 본래성을 회복할 수 없다는 것이 불트만의 주장인 것이다.

하나님의 말은 인간으로 하여금 자신들이 만들어낸 모든 안정성에 안주하지 못하도록 하는 바, 이것이 곧 현실적인 거리낌이다.[110] 자연 과학적인 세계상은 인간이 세계와 그 자신의 삶을 스스로 지배하려는 유혹을 가지고 있다. 인간은 자연 법칙을 알고 자연의 세력을 자신의 계획과 의도대로 이용할 수 있게 되었다.

이처럼 인간의 의지와 기술로 어느 정도 미래를 내다볼 수 있을 것 같은 능력을 구비한 인간은 점점 더 분명하게 사회적 경제적 생활의 법칙을 발견하고, 그 대가로 점점 더 강력하게 삶을 사회적으로 영위하지만 오히려 잊지 말아야 할 주요한 두 가지 사실을 잊고 살 위험에 처하게 되었다.

첫째, 인간의 계획들과 기업들이 행복과 안전, 유용성과 성과에 대한 자신의 욕구에 의해 수행되어서는 안 된다. 오히려 선과 성실, 진

---

110 루돌프 불트만, "예수 그리스도와 신화", 232.

리의 요구에 대한 순종적인 대답에 의해 인간이 자신의 이기적 욕망과 오만 때문에 잊어버리기 쉬운 하나님의 계명에 대한 순종에 의해 수행되어야 한다는 것을 잊으면 안 된다.

둘째, 그 자신의 사적인 생활과 공적인 생활이 기구화 되면 참된 안정성이 인간에 의해 확보될 수 있다고 생각하는 것이 망상(妄想)이라는 것이다.[111] 인간이 지배할 수 없는 우연한 사건들과 운명들이 있다. 그는 자신의 업적들을 지속시킬 수가 없다. 그의 생명은 빠르게 지나가며 그 끝은 죽음이다. 역사는 계속된다.

> 현실적이며 영구한 안전이란 있을 수 없으며 노력으로 안전을 확보할 수 있다는 인간의 확신이야말로 다름 아닌 환상이다.[112]

불트만은 이것이 곧 죄라고 하면서 다음과 같이 말한다.

> 인간은 자신의 활동을 통해 자신의 삶, 자신의 안정성을 만들어 낸다. 그 때에 세상적 물존적(物存的)인 것은 - 물존적인 것에서 중립적으로 - 그에게 있어서 육(肉)의 성격을 갖는다. 그는 곧 자신을, 자신의 생명을 세계로부터 이해하고 세상에 의해 자신의 안전성을 얻으려고 하기 때문이다. 그러나 이것은 자신의 안전성을 스스로 마련하려는 것이며 곧 죄인 것이다. 이것은 곧 자랑하는 죄이다.[113]

---

[111] 루돌프 불트만, "예수 그리스도와 신화", 233.
[112] 루돌프 불트만, "예수 그리스도와 신화", 233.
[113] 루돌프 불트만, "세계와 인간에 관한 이해", 56.

위의 글에서 볼 수 있듯이 불트만에 의하면 이 '자랑'(καυχασθαι)은 신약성서에서 바울의 '믿음'(πιστεύειν)과 극단적인 대립 개념으로 사용되고 있다고 했다.[114] 그리고 이 노력의 근저에 자리 잡고 있는 염려는 인간이 자기 자신을 위해 안전을 스스로 얻어야 한다고 생각할 때 마음 깊은 곳에서 움직이는 숨은 불안이다.[115] 인간은 언제나 자기중심적이기 때문에 그 방향이 틀어지는 순간 불안해한다.

그러나 예수의 부름은 언제나 자기중심에서 벗어난 하나님의 나라를 향하고 있다.[116] 자기 중심적인 것의 흐트러짐 때문에 오는 인간의 불안은 거듭되는 자기 중심적인 것의 반복으로 해결되는 것이 아니라, 예수의 선포에서 언제나 명확해지는 올바른 방향성이 있다.[117] 그것이 예수의 선포에서 분명하게 말하고 있다.

한편, 역사적 예수의 선포 가운데 주된 내용이 '하나님 나라'라고 하는 것에는 신학자들 간에 이설이 거의 없다. 그 하나님 나라를 향한 예수의 요청은 결국 인간의 구원이다.[118]

예수의 선포에는 구원과 회개라는 두 주제가 들어 있다. 예수가 선포한 하나님의 나라의 임재는 구원의 선포이다. 구원의 선포는 복음이다. 동시에 예수는 회개를 요청한다[119]는 점에서 불트만은 다음과 같이 말한다.

---

[114] 루돌프 불트만, "세계와 인간에 관한 이해", 56.
[115] 루돌프 불트만, "예수 그리스도와 신화", 233.
[116] 루돌프 불트만, "예수", 272.
[117] 루돌프 불트만, "예수", 264.
[118] 루돌프 불트만, "예수", 262.
[119] 김동건, 『예수: 선포와 독특성』(서울: 대한기독교서회, 2018), 112.

> 하나님의 나라는 인간의 의지와 행위가 목표하는 선이 아니고, 어떤 의미에서도 인간의 행동에 의해 실현되는 결과물도 아니며, 어떤 의미에서도 인간의 결과물을 존재하도록 하는 이상향도 아니다. 하나님 나라는 종말론적인 나라로서 철두철미 비세계적인 것이다.[120]

위의 글에서와 같이 하나님의 나라는 인간이 소유할 수 있는 어떤 자산과 같이 나란히 소유할 수 있는 것이 아니고, 이 구원의 하나님 나라는 이것이냐 저것이냐로서의 결단으로서 하나님 앞에 서 있다[121]는 점에서 불트만은 다음과 같이 말한다.

> 이 구원의 '하나님 나라'는 인간의 역사 안에서 실현되는 어떤 것이 아니다. 또한, 인간에 의해 창립, 건설, 완성에 관해서는 아무것도 말하지 않는다. 다만 오로지 이 나라의 '옴', '가까움', '나타남'에 관해서만 선포할 뿐이기에 인간은 그 소식과 부름 앞에 결단에 직면해 있음만 지적할 뿐이다.[122]

위의 글에서와 같이 불트만은 예수의 선포의 진정한 핵심은 하나님 나라의 '임박성'에 있다고 보았다. 예수는 미래의 일을 지금 일어날 것으로 선포했다. 성서는 하나님의 나라가 바로 눈앞에 침입해 들어오는 것으로 표현한다(눅 11:20). 예수의 선포는 그 선포를 듣는 자에게 '지금 여기서'(here and now) 결단하라는 임박한 요청을 듣

---

120 루돌프 불트만, "예수", 263.
121 루돌프 불트만, "예수", 262.
122 루돌프 불트만, "예수", 264.

는 것이다.[123]

이 결단에 직면한 인간은 예수의 부름에 피해갈 수 없으며 자신의 실존으로서의 예수의 부름 앞에 응답해야 한다. 여기서 회개의 촉구가 들려진다. 예수의 회개의 요청은 인간의 도덕적 덕목의 미수행이나 범함을 우선하지 않는다.

> [오히려] 자기의 결단에서 자기가 선택받은 자들 중에 속하는가, 아니면 버림받는 자들 중에 속하는가가 드러날 것이다.[124]

이런 예수의 결단 촉구는 인간 내면성의 성실성이나 영혼의 평화나 황홀경을 약속하는 것이 아니다. 오히려 이런 것은 예수의 선포에서도 그 성격과 방향이 멀다. 예수에게서 하나님 나라는 개인이 자기의 안심을 위해 도피할 수 있는 화려한 환상적 세계의 의미를 전혀 가질 수 없다고 불트만은 지적하고 있다.[125]

불트만이 우려하고 있는 하나님의 나라에 대한 이런 인식이 매우 위험한 이유는 이런 것을 통해서 인간은 결단에 이르는 것이 아니라, 인간 자신을 결국 신적인 자리에까지 올려놓는 권리 주장으로서의 죄에 빠진다고 보기 때문이다.[126]

---

[123] 김동건, 『예수: 선포와 독특성』, 72. 이 책에서 김동건은 불트만은 하나님의 나라가 '아직' 현존하지 않았다고 보았지만, 그 의미는 시간적인 '아직'이 아니라 실존적인 차원을 뜻한다. 불트만은 하나님의 나라의 시간성 문제를 전혀 다른 차원에서 볼 수 있는 시각을 열어 준 공헌을 인정한다.

[124] 루돌프 불트만, "예수", 270.

[125] 루돌프 불트만, "예수", 272-273.

[126] 루돌프 불트만, "예수", 271.

인간을 향해 예수가 결단에로 요청하는 하나님 나라는 지금 우리가 처분 가능한 나라로서나 혹은 인간의 도덕적 경건성에 의해 좌우되는 나라가 아니다. 그의 나라는 오직 '가까움', 그것의 '옴', 그것의 '나타남'에 관해서만 선포되는 것으로서의 미래이다.[127] 이 점에 있어서 불트만은 다음과 같이 말한다.

> 인간은 실제로 미래를 향해 자신을 열고 있지 않다. 인간은 실제로 결단에서 자유롭지 않다. 인간은 결단을 하지 않는 것이 아니라, 자신의 과거를 위해 실제로 언제나 결단을 내리고 있다.[128]

불트만에 의하면 이것이 미래 지향적이고 개방적인 것으로 자신을 여기는 것에서 돌아서는 죄인 것이다. 죄인으로서의 그는 불안 중에, 죄 중에 숨어 있으며 모든 행위에서 점점 더 죄에 집착할 뿐이다. 그래서 하나님의 나라는 인간을 결단에 몰아넣음으로써 현재를 규정해 버리는 능력이다. 인간이 인간으로서의 본래적 존재로의 길은 예수에게서는 결국 하나님 나라로의 부르심 앞에서 모든 것이 결정된다. 불트만은 그 부르심이 곧 하나님의 뜻이라고 요청하는 것이 복음서의 예수의 모습이라고 하면서 다음과 같이 말한다.

> 인간은 이렇든 저렇든, 다시 말해서 선택된 자로서든 버림받은 자로서든 그의 현재의 전 실존에서 하나님 나라에 의해 규정되는 것이다.[129]

---

127 루돌프 불트만, "예수", 264.
128 루돌프 불트만, "세계와 인간에 관한 이해", 58.
129 루돌프 불트만, "예수", 273.

불트만에 의하면, 이 하나님 나라의 다가옴(막 1:15)은 인간이 이에 대해 필요하면 적당한 태도로 그것을 취할 수 있고, 중립적으로 처신할 수도 있는 그런 사건이 아니다. 전혀 사람이 태도를 취하기 전에 이미 사람이 엄습을 당하고 있다. 그리고 여기서는 단지 인간이 결단의 상황에 서 있다는 것을 자기의 본래적인 본질로 파악하는 것만이 중요하다.

다시 말하면, 하나님의 나라를 미래성이니, 현재성이니 하는 말로 인간이 주체가 되어 그 나라를 규정하는 것이 아니라, 결단의 순간으로 몰아 넣는 하나님의 나라에 의해 규정되는 인간만이 있을 뿐이라는 것이다. 다음과 같은 선언에는 회개의 결단만이 예수가 선포한 하나님의 나라 앞에 선 인간의 현실인 것이다.

> 때가 찼고 하나님의 나라가 가까이 왔다(막 1:15).

예수는 인간을 이렇게 하나님의 행위 앞에서 결단해야 할 자로 보고 있다. 그러므로 인간은 언제나 결단에 직면해 있기 때문에 이것은 실로 종말론적인 사건이 되는 것이다.[130]

대체적으로 오늘 우리 시대의 인간 이해를 보면 다소 기이한 느낌을 줄 것이다. 우리는 사람을 '인간'이라는 종족의 한 개체로, 즉 특정한 소질이 천부적으로 주어져 있고, 그 소질이 발견됨으로써 인간의 이상이 그에게서 실현되는—물론 각 개체 안에서 개성적으로 형성되면서—그런 개체로 보는데 익숙해 있다. 인간은 '성격자'(性格者)

---

[130] 루돌프 불트만, "예수", 273.

혹은 '인격자'로서 자기의 운명에 도달한다. 개인의 개성적인 천품에 따라 모든 힘을 조화있게 육성하는 것이 이 이상(理想)을 향한 길이다. 아마 아무도 이 길을 끝까지 가지는 못할지도 모른다.

이런 인간 일반의 이상향에 대한 이해를 불트만은 거부한다. 그런데도 인간이 이 길을 가고 이 이상을 점차 실현하고 있다는 것처럼 보여서 이런 인간 이해를 정당화한다. 그러다 보니 우리는 육체적인 감성적인 생활과 정신적인, 영적인 생활을 구별하는 것에 익숙해 있다. 이 둘의 연관성이 우리에게 자명한 것이고, 다각적인 육성(育成)이 아름다운 목표일지라도 역시 정신은 영혼의 지도자이고, 그것의 삶이며 체험이고, 인간 실존의 본래적 의미라고 오해한다.[131]

그러나 이런 인간의 이상향에 맞추어 움직여 주는 내용의 가르침들은 인간을 부르는 예수의 선포에서는 전혀 찾아볼 수가 없다. 이런 예수의 부름 앞에, '결단 앞에 서야 하는 인간'을 끊임없이 주장하는 불트만의 실존론적 인간 이해를 매우 추상적이라고 오해하는 주장[132]

---

[131] 루돌프 불트만, "예수", 274.
[132] 이종성, 『신학적 인간학』(서울: 대한기독교출판사, 1986), 178. "불트만의 인간론의 대상이 된 인간은 너무도 추상적인 인간이다. 바르트가 체험한 실존적 인간, 본회퍼가 체험한 실존적 인간, 니버가 체험한 실존적 인간은 문자 그대로 구체적인 인간이었다. 눈앞에서 문제를 해결하지 못해서 불안해하는 농민들과 직공들을 본 바르트는 인간의 실존 문제를 문제 삼지 않을 수가 없었다. 뉴욕 할렘가의 빈민굴에 가 보았을 때 이들도 인간 대접을 받고 있는지 이들의 인간으로서의 존재 가치가 무엇인가 물어 보지 않을 수 없었으며, 오랫동안 감방에서 죽음의 날을 손꼽아 기다리는 그 상황에서는 인간의 실존 문제를 다루지 않을 수 없었다. 또는, 공장에서 하루 종일 기계와 소음 속에서 힘껏 일하면서도 제대로 임금을 받지 못하여 굶주려 허덕이는 공장의 노동자들이 불쌍하다기보다 그 많은 돈을 가지고도 정당하게 사용하지 않는 기업주들의 부도덕적 행동을 생각할 때 인간의 실존 문제를 취급하지 않을 수가 없었다. 그러나 불트만의 인간 이해는 그런 구체적인 인간을 체험했거나 그들의 상황에 동화되어서 인간 실존의 문제를 체험해서 인간 문제 취급한 것이 아니라 그의 인간론의 대상은 추상화된

에 대해 본 연구자는 결코 동의할 수가 없다.

오히려 전술한 인간의 이상향을 부추기는 오늘날의 인간 이해가 더 추상적인 인간 이해일 뿐이다. 불트만도 인간 이해를 다음과 같이 말하고 있다.

> 예수에게 있어서 인간의 가치는 어떤 주어진 인간의 성품이나 그의 정신생활의 내용에 의해 규정되는 것이 아니라, 오직 인간이 지금 여기의, 그의 실존에서 어떻게 결단하는가에 의해서만 규정된다. 그러므로 예수는 인간을 그의 자유로운 행위에 의한 결단의 가능성을 가지고 그는 지금, 여기에서 결단에 직면해 있는 자로 본다.[133]

위의 글에서와 같이 결단을 부름의 결단이라고 한 것이 명백해졌다. 그 이유는 성서가, 다시 말해 예수가 인간에게 요청하는 결단이기 때문이다.

인간, 학적 연구의 대상으로서의 인간이었다. 이 점에 있어서는 하이데거도 마찬가지다. 그는 바르트나 사르트르나 본회퍼처럼 실존적 상황, 한계 상황에서 인간을 이해하고 분석한 것이 아니라 그의 서재(書齋)에서와 강의실에서 추상화된 인간 일반을 상대로 했던 것이다. 그래서 그는 이런 추상화된 인간을 고의적으로라도 구체화하기 위해서 'Dasein'이란 개념을 도입하여 그것을 구체적 인간에 대치(代置)시켰던 것이다. 이것을 불트만은 그대로 받아들였다. 그러므로 그들은 용어의 풀이에 더 많은 흥미와 시간을 보냈다"라는 이종성의 주장은 전형적으로 불트만의 신학뿐만 아니라 불트만과 하이데거의 관계를 오해한 편협한 신학이다. 자신의 전 실존을 걸고 신학에 몰두하여 얻은 신학적 이해들을 마치 삶의 현장이 없는 신학으로 치부해 그 인간론은 인간을 제대로 이해하지 못한 것인 것처럼 주장하는 것은 온당하지 않다. 그러면서 이종성은 인간론을 제대로 파악하려면 "신의 지식을 통하지 않고는 불가능하며 결국은 실존의 해결자인 예수 그리스도에게로 가야 한다"(이종성, 『신학적 인간학』, 181)며 누구나 말할 수 있는 막연함으로 인간론을 귀속시켜 버린다.

[133] 루돌프 불트만, "예수", 275.

이 결단을 요청하는 예수가 오늘 우리에게는 어디에 무엇으로 현재하는가?

결단은 인간의 자발적 의지보다 앞선 성서의 요청이다. 그렇기에 부름의 결단인 것이다. 그러면 결단의 요청에 직면해 있는 인간은 과연 스스로 결단할 수는 있는가에 대한 질문을 던지지 않을 수가 없다.

3) 순종의 요청 앞에 선 인간

불트만은 예수가 아는 인간은 오직 하나님에 대한 순종의 자세로서의 결단뿐이라고 한다.[134] 이 결단을 요청받은 인간은 인간적 의무 이행이나, 이해할 수 없는 권위에 대한 굴종으로 나아간다면 그것은 전적인 예수의 부름 앞에 서는 것이 아니다. 오히려 이것은 자신의 행위와 순종을 병렬시켜놓고 관찰자의 입장에서 판단하는 것이므로 전적인 순종이라 할 수 없다.

> 인간에게 고상한 것은 하나님의 눈에서는 혐오스러운 것이다.[135]

따라서 불트만은 순종에 대해 다음과 같이 말한다.

---

[134] 루돌프 불트만, "예수", 271.
[135] 루돌프 불트만, "예수", 292.

> 철저한 순종은 인간이 자기에게 요구된 바를 스스로 긍정하는 곳에, 명해진 것이 하나님의 요구로 이해되는 곳에만 있다. 인간이 전적으로 그가 행하는 것에 서 있는 곳에, 실로 보다 정확히 말하면, 인간이 전적으로 그가 행하는 것 안에 있는 곳에, 다시 말해 그가 어떤 것을 순종으로 행하는 것이 아니라 그의 존재에서 순종하는 곳에 있다.[136]

위와 같은 순종은 예수의 선포에 나타난 역설적인 가르침이다.

> 상을 위해 순종하지 않는 자들에게 상을 약속한다.[137]

그러므로 이런 순종의 결단을 불트만은 이중성이 있음을 말하면서 서술한다. 결단은 쉽다. 그 이유는 예수가 인간을 형식적인 권위의 속박에서 자유하게 하고, 따라서 인간을 직업적으로 저 권위를 설명해야 하는 사람들의 판단에서도 자유하게 하기 때문이고, 행동하는 자 자신의 판단에, 자신의 책임에 근거를 두기 때문이다.

또한, 순종은 어렵다. 그 이유는 연약한 인간에게 있어서는 선과 악에 대한 판단과 책임이 자기들에게서 덜어지는 바로 그것이 편한 것이기 때문이다. 그런데 불트만은 이 짐을 예수는 인간에게 직접 돌린다고 하면서 다음과 같이 말한다.

---

[136] 루돌프 불트만, "예수", 290.
[137] 루돌프 불트만, "예수", 291.

예수는 인간이 자신을 결단 앞에, 말하자면 하나님의 뜻 쪽에 결단하느냐, 자기의 뜻 쪽에 결단하느냐인 선악 사이의 결단 앞에 세워져 있는 자로 보도록 가르쳤지 순종을 인간이 납득할 수 있는 일반적인 이론으로서의 윤리를 가르친 것은 전혀 아니다.[138]

위의 글에서와 같이 불트만에 의하면 오로지 순종이냐, 불순종이냐만 문제가 된다는 것이다. 이 순종은 보다 선한 것, 보다 더 악한 것에서 출발해서 고차원적인 단계로의 발전 가능한 것으로의 대치품이 아니라 명명백백한 '하나님의 뜻'이다.[139] 그러므로 순종은 인간이 직면하게 되는 결단의 지금에 밀접하게 결부되어 있다. 순종은 오로지 '행동의 순간'에만 있다.[140]

불트만에게 있어서 예수는 이런 철저한 순종을 요구하며 인간에 대한 하나님의 요구를 관철시킨다. 하나님은 인간 자신을 전적으로 요구하지, 그의 공적(功績)을 요구하지 않는다. 오히려 인간의 고상한 업적을 순종해야 할 것에 대치하는 것을 역겨운 것으로 본다.[141] '인간에게 고상한 것'[142]은 하나님의 눈에는 혐오스러운 것이다(눅

---

138 루돌프 불트만, "예수", 294-295.
139 불트만의 신학에 있어서 '순종의 자유로운 행위로서의 신앙'에 대한 글로서는 아래의 논문을 참고하면 좋은 통찰을 얻을 수 있다. H. 콘라드(H. Konrad)는 이 논문에서 불트만의 신학적 업적으로서 순종의 자유로운 행위로서의 신앙은 Wilhelm Herrmann, Karl Barth 및 Friedrich Gogarten이 충분하게 다루지 못했던 신학적 문제를 해결하려고 노력했다고 밝히고 있다(Hammann Konrad, "Der Glaube als freie Tat des Gehorsams: Herkunft, Bedeutung und Problematik einer Denkfigur Rudolf Bultmanns", *Zeitschrift für Theologie und Kirche* 109, no. 2 June, 2012), 234.
140 루돌프 불트만, "예수", 296.
141 루돌프 불트만, "예수", 300-301.
142 자기들의 경건을 보이기 위해 회당과 거리에서 자선하고, 길모퉁이에서서 기도

16:15).**143** 그뿐만 아니라 불트만은 예수의 인간 이해를 다음과 같이 말하고 있다.

> 결단의 지금에서 구체적인 인간을 본다. 결단은 상대적인 것이 아니라 절대적인 것이다. 그러므로 인간의 어떤 과오, 어떤 타락은 하나의 발전 단계라는 상대적인 성격이 아니라 죄라는 절대적인 성격을 갖는다. 왜냐하면, 예수는 인간을 하나님 앞에 세워진 자로만 보기 때문이다.**144**

위와 같이 예수의 인간 이해를 바탕으로 불트만은 예수의 선포 중 '산상보훈'의 내용을 윤리적인 이상주의를 표방하는 것에 반대하며 결단 앞에 세우는, 하나님의 요구의 절대적인 성격으로 선포하는 메시지로 인간과 마주하게 하는 단순한 순종을 요구하는 것으로 명백하게 밝히면서**145** 다음과 같이 말한다.

> 이웃을, 원수를 사랑하기 위해 해야 할 일이 무엇인가?
> 아무것도 없다.
> 다만 이웃을, 원수를 사랑하는 것뿐이다!**146**

하며, 금식 때 슬픈 표정으로 주의를 끄는 그런 사람(마 6:2, 5, 16), 즉 사람 앞에서 의를 연출하는 자들을 책망한다.
143 루돌프 불트만, "예수", 292.
144 루돌프 불트만, "예수", 301.
145 루돌프 불트만, "예수", 301.
146 루돌프 불트만, "예수", 301.

불트만에 의하면, 이것이 하나님의 요구이고 하나님의 뜻이다. 여기에서는 순종만이 인간을 전적으로 얻는 것이 된다.[147] 그래서 불트만은 순종의 태도를 인간의 금욕적 자기 성찰이나 자발적 가난과 같은 이상향으로 규정지으려는 모든 가르침에 대항한다.

물론 예수는 마음에서 우러나오는 금식이 경건의 유익이 있음을 인정했다(마 6:16-18). 하지만 스토아 철학에서처럼 참된 인간 양성을 위한 "단련의 금욕"의 모든 시도는 오히려 하나님의 뜻에 순종해야 하는 인간을 하나님으로부터 멀리 이탈시키는 것일 뿐이다.[148]

단순하다. 악한 것은 순종하지 않는 인간의 의지다. 그것을 굴복시켜야 하는 것이지 인간이 아닌 제삼의 것들이 아니다.[149] 굴복시켜야 할 제삼의 것, 즉 '자연'은 전혀 신적인 것이 아니다.[150] 이런 이유로 불트만은 순종의 태도도 객관적으로 규정할 수 있는 일반적인 사건으로 보지 않는다.

> 예수에게 있어서 하나님은 인간을 결단의 상황에 세우고 선의 요구에서 그와 만나며 그의 미래를 규정짓는 힘이다. 하나님은 이러므로 '객관적으로', 제삼자적으로 결코 관찰될 수 없고, 오직 자기 실존의 참 파악에서만, 인간은 하나님도 파악할 수 있는 것이다.[151]

---

[147] 루돌프 불트만, "예수", 304.
[148] 루돌프 불트만, "예수", 307.
[149] 루돌프 불트만, "예수", 307.
[150] 불트만은 신앙을 위한 금욕적 프로그램은 오히려 인간을 결단에 이르게 하는데 도움을 주지 못한다고 본다. 예수가 요청하는 순종은 법적인 규율에 따름이 아니고 지금 여기에서 미래를 향한 개방성으로 하나님의 나라로 요청하면서 육박해 오는 그의 부름에 책임적으로 따르는 것일 뿐이다.
[151] 루돌프 불트만, "예수", 308.

이 결단의 순종을 위한 그 어떤 프로그램도 있을 수 없다. 행여 구체적이지 못한 가르침이라 해도 상관없다. 예수에게 있어서 하나님의 뜻은 인간을 그의 구체적인 상황에서 지금 여기에서 결단하도록 세웠다는 것뿐이다.[152] 그리고 불트만은 인간의 자기 요구의 포기에 대해 다음과 같이 말한다.

> 길에 상한 자가 누워 있는 것을 본 사람은 외적인 계명이 없어도 그를 도와야 할 줄을 안다. 모든 선한 행위에서 인간이 하나님의 뜻을 행하려는지, 즉 순종하려는지, 아니면 단념하려는지의 그의 태도는 자신의 요구의 포기에 의해 규정된다.[153]

위의 글에서와 같이 이런 자신의 '요구의 포기'가 예수의 사랑에서 드러나고 그 사랑은 전적인 '순종'의 태도인 것이다.[154] 그리고 그 사랑에 대해 불트만은 다음과 같이 말하고 있다.

> 사랑은 나약하거나 감상적인 것만이 아니다. 사랑은 다른 사람의 개성과 그것의 교화에 대한 기쁨이 아니다. 예수에게는 다만 인간은 하나님의 요구 아래 있는 자로 보인다. 그러므로 참된 이웃 사랑은 이웃을 유약하게 만들지 않고, 그도 결단에 직면해 있는 자로 보고 이에 따라 행동한다.[155]

---

152 루돌프 불트만, "예수", 312.
153 루돌프 불트만, "예수", 312.
154 루돌프 불트만, "예수", 314.
155 루돌프 불트만, "예수", 318.

인간은 결단에 직면해 있고, 이 결단은 인간에게 있어서 어떤 상대적인 것, 그의 발전의 한 단계가 아니라 하나님에 의해 그에게 세워진 양자택일이고, 따라서 인간의 결단은 결정적인 성격을 지닌다는 것이다. 그러므로 인간은 결단에서 의인이 되든가, 아니면 죄인이 되든가이다.[156]

그런데 이런 결단에 대한 보상을 제시하는 것이 합당한가에 대해 불트만은 예수의 선포에서 보상을 전제로 하는 결단에 대한 보상 사상은 거부하지만 성서에 등장하는 보상 사상을 버리지는 않는다.[157] 그 보상은 실존적인 결단을 통해서 진정한 자아를 얻는 것이야 말로 하나님의 참된 보상이라고 주장한다.[158]

---

[156] 루돌프 불트만, "예수", 319.
[157] 루돌프 불트만, "예수", 290-292.
[158] 루돌프 불트만, 『新約聖書神學』, 12. "인간은 자기를 내어 맡길 준비가 되어 있고 권리와 공적을 내세울 줄 모르는 아이와 같이 되어야 한다(막 10:15). 자신의 공적을 자랑하는 오만한 자들을 하나님은 혐오한다(눅 16:15). 그래서 덕(德)을 자랑하는 바리새인은 과오를 의식하는 세리(稅吏) 뒤로 처질 수밖에 없다(눅 18:9-14). 이렇게 예수는 공적과 보수의 계산을 거부한다. 즉, 하나님은 마지막 시간에 일에 착수한 일꾼과 하루 종일 힘써 일한 자에게 똑같은 보수를 준다(마 20:1-15). 그래서 그는 개인이 당하는 불행을 그의 특수한 범죄들에 대한 형벌로 보는 것을 거부한다. 아무도 다른 사람보다 더 나을 것이 없다(눅 13:1-5). 물론 예수는 하나님이 성실한 순종에 대해 보상한다는 것을 확신했다. 요구의 배후에는 약속이 있다. 그리고 보상 동기에 대한 그의 투쟁을 감안할 때 우리는 그의 자세의 특수성을 이렇게 성격 지울 수밖에 없을 것이다. 즉, 그는 보수 때문에 순종한 것이 아닌 바로 그 사람들에게 보상(報償)을 약속한다고, 그러나 역시 그가 보상 사상을 가끔 요구의 동기로 삼았다면—그것이 하늘의 보상을 지시하는 것이든(마 6:19; 막 10:21 등), 지옥불의 위협이 든(마 10:28; 막 9:43, 47)—, 그의 진술들은 모순을 벗어나지 못한다. 그러나 이 모순은 인간에게 있어서 그의 행위에서의 그의 본래의 존재—그가 이미 된 것이 아니라 비로소 되어야 할 그의 자아—가 문제된다는 것이 보상이라는 주제에 의해 원시적으로 표현된데 불과하다는 점에서 해소된다. 그의 윤리적 행위와 그의 순수한 순종의 정당한 제기도 이것을 얻는 데 있다. 이 순종에서 인간은 역설적인 진리를 소유하는바, 자신을 되찾기 위해 선(善)의 요구, 하나님의 요구에 자신을 내 주어야

더 나아가 불트만은 다음과 같이 말한다.

> 우리가 사실 예수의 본래의 지향성(志向性)에 동참하는 데 확신을 가질 수 있다면 그것을 위한 보상으로서 '기독교'의 포기도 각오할 수 있을 것이다.[159]

한편, 결단은 우리가 마음대로 선택할 수 있는 두 가능성 중에서 선택할 수 있는 것이 아니다.[160] 그러면 "순종해야 한다"라는 당위에 인간은 순종할 수 있는가에 대해 불트만은 인간은 순종의 당위성 앞에서 스스로 순종할 수 없으며 결단할 수 없는 죄인이라는 사실로 규정한다.

죄인으로서의 인간은 자연, 즉 세계이다. 이 세계에는 결코 자주권이나 자주력이 부여되지 않았다.[161] 철두철미 현재에 결단을 요청하는 하나님 앞에서 인간은 미래의 심판에서 사면의 보상을 받기 위해 경건한 종교적 행동을 피난처로 만든다. 따라서 현재의 지금에서 순

한다는 혹은 이에 상응하여 그런 내어 줌으로 자기 자신을 얻는다는 진리를 소유하게 된다. 이 역설적 진리를 다음의 말이 증명하고 있다."
누구든지 그의 생명을 얻고자 하는 자는 잃을 것이요, 누구든지 그것을 잃고자 하는 자는 얻을 것이다(눅 17:33). 하지만 이런 보상 사상에 문제가 없는 것은 아니다. 김동건은 이런 불트만의 보상 사상이 '실존'이라고 하는 하나의 범주에 갇힐 수 있다고 우려를 하고 있다(참고. 김동건, 『예수: 선포와 독특성』, 319-320). 그러나 이것이 실존주의 신학의 한계이면서 동시에 강조점이기 때문일 것이다. 더 나아가 신앙에서 자기 자신을 참되게 얻는 것, 이것 이상의 보상은 어디에도 없을 것이다. 불트만에게 있어서 이것은 구원과 동일한 의미로 사용되기 때문이다. 물론 이 얻음이 '행위'의 당연한 결과라고 말하지는 않는다. 자신을 얻는 것 역시 하나님의 '은혜' 뿐이라는 것은 같은 맥락이다.

[159] 루돌프 불트만, "예수와 바울", 57.
[160] 루돌프 불트만, "예수", 327.
[161] 루돌프 불트만, "예수", 330.

종 이외에 다른 것이면 안 되는 그때그때의 인간 행동은 그렇게도 쉽게 미래를 위한 공로의 성격을 지니게 되고, 이와 함께 결단의 성격을 상실하게 된다.

결국, 결단은 다른 여러 일들 중의 하나의 일들로 전락한다. 왜냐하면, 선한 일을 많이 하면 할수록 그만큼 더 심판대의 무죄 판결을 기대할 수 있기 때문이다. 그리하여 인간은 그렇게도 쉽게 결정적인 지금 이 순간에 하나님 앞에 서 있다는 의식을 잃고 하나님 앞에 설 미래의 그 어느 때를 걱정한다. 그 때문에 엄청난 죄의식이 경건한 자를 사로잡는다.

이로 인한 죄의 고백과 회개의 기도가 하나의 선한 일로, 하나님의 은혜를 확보하기 위한 수단으로 보는 것이 마지막 피난처이다. 그래서 인간은 지금 현재에서 심판하시는 하나님 앞에 순종해야 하는 것을 미래의 일로 밀쳐 내면서 결단을 포기한다. 이것이 바로 죄의 심각성임을 불트만은 지적하고 있다.[162]

죄의 심각성을 철저하게 인식하지 않고서는 하나님의 용서하시는 은혜 또한 마찬가지로 철저하게 인식될 수 없다는 것이 불트만의 주장이다.[163] 인간은 죄를 생각하면서 나란히 선한 일의 가능성을 동시에 생각한다는 것은 죄의 철저성을 알지 못하기 때문이다.

즉 죄의 고백만으로도 죄가 용서받을 수 있는 어떤 것으로 여기는 것이 그 예다.[164]

---

162 루돌프 불트만, "예수", 336-337.
163 루돌프 불트만, "예수", 337.
164 루돌프 불트만, 『新約聖書神學』, 247. 불트만은 인간의 죄 용서는—부름에 대한 따름이 아니고, 역사에 대한 책임적 참여가 아니고— 종교적 혹은 도덕적 덕목의 차원에서 자신을 죄인으로 인식하는 것이 기독교적 죄 인식이 아니라는 것이

> 인간이 하나님 앞에 서 있으면 전체적으로 그리고 모든 면에서 죄인
> 으로 여겨지지 않는 한 그는 죄를 철저하게 이해한 것이 아니다.[165]

불트만이 이처럼 죄를 철저하게 인식해야 한다고 강조하는 이유는 다름 아닌 하나님의 은혜를 철저하게 인식하기 위해서인 것이다. 은혜가 철저하게 생각되지 않으면 결국은 순종과 결단을 포기하는 자기 안정성으로 전락되어 본래적 인간으로의 자유를 얻을 수 없기 때문이라는 점에서 다음과 같이 말한다.

> 하나님의 은혜는 자비롭게 죄를 간과하는 것이 아니라, 하나님의 은
> 혜는 죄를 '용서'하는 것이다. 하나님은 다름 아닌 죄인에게, 즉 그
> 의 의(義) 앞에서 심판받는 자로 서 있는 자에게 은혜롭다. 은혜가 미
> 래의 한 가능성으로 말해지고, 현재의 한 현실로 파악되지 않는 한,
> 하나님의 은혜는 철저하게 생각되지 않는 것이다.[166]

그러므로 우리의 고백과 회개가 공로가 되어 하나님의 긍휼을 바라본다면 이것은 미심쩍은 가능성을 절망적으로 붙드는 자기 위안일 뿐 결코 현재에서 은혜의 하나님을 경험하는 것이 아니라고 불트만은 말한다.[167] 인간의 열정적인 종교적 행위는 예수의 선포에서 말하

다. 인간은 철두철미 죄인이기에 스스로 죄를 처분할 수 있는 가능성이 인간에게는 없다고 본다. 그런 방식으로 죄를 해결하려고 하는 행위 자체가 죄의 속임수라고 한다. "인간은 자신의 욕심을 따르면 생명을 얻을 것이라고 죄가 말하는 데 반해 인간 자신이 실제로 얻는 것은 죽음이다."

[165] 루돌프 불트만, "예수", 337.
[166] 루돌프 불트만, "예수", 337.
[167] 루돌프 불트만, "예수", 338.

는 결단과 순종이 아니다. 인간의 열정적인 고백과 행위로 하나님을 파악할 수 있다고 생각하는 것은 성서에서 말하는 결단을 요청하며 순종을 요구하는 하나님과 거리가 멀다.

인간이 그런 행위에 빠질수록 하나님은 그에게서 더욱 멀어질 뿐이며 하나님을 형이상학적 실재로 파악하거나 우주적 기운이나, 세계의 법칙도 아니다.[168] 이런 하나님은 언제든지 인간에 의해 달래지거나 조정될 수 있는 신으로 화할 수 있다.

한편, 불트만이 파악한 예수의 인간 이해는 다음과 같다.

> 오직 인간이 그의 의지에서 하나님에 의해 요구되고, 그의 현재적 실존이 그의 요구와 심판과 은혜에 의해 규정되는 한에서만, 하나님을 말한다.[169]

그뿐만 아니라 예수는 일반적인 진리나 명제로 하나님을 말하지 않고, 오직 하나님이 인간에게 어떤가, 그는 인간에게 어떻게 행동하는가를 말함으로써만 하나님을 말한다.[170]

그러므로 그는 객관적으로 하나님의 속성들에 관해 그의 영원성이나 불변성 등에 관해 말하지 않는다. 단지 인간이 어떻게 하나님을 그 자신의 현실에서 경험하는가를 말할 뿐이며, 단지 인간에 대한 하

---

168 루돌프 불트만, "예수", 339.
169 루돌프 불트만, "예수", 339.
170 이런 인간 이해 때문에 불트만의 신학이 인간론에 함몰된다거나 혹은 실존에 함몰되는 신학이라고 오해하기도 한다. 그러나 불트만은 인간에 대한 철저한 물음이 없이는 하나님에 대한 물음도 할 수 없다는 것으로 인간에 대한 물음과 하나님에 대한 물음은 항상 동시적일 때에만 의미 있는 일인 것이다.

나님의 행위를 말할 뿐이다. 즉, 예수에게서 하나님은 그의 행위를 말하지 않는다면 말할 수 없다.

> [예수에게서] 인간은 그의 본래의 본질과 본질에서 기인하는 그의 행위들이 구별될 수 없고, 행위 안에 인간의 본래의 존재가 있는 것 같이 하나님도 그가 활동하는 곳에 있다.[171]

그러므로 예수가 전하는 것은 하나님에 관한 신비롭거나 새로운 개념에 관한 지식이나 하나님의 본질에 관한 계시들이 아니다.

불트만이 이해한 예수에게 있어서 선포는 지금 오고 있는 하나님의 나라와 하나님의 뜻에 관한 소식인 것이다. 예수는 인간을 말하고, 인간에게 그가 마지막 시간에 서 있음을, 즉 지금 여기에서 결단에 직면해 있음을, 그의 의지가 하나님의 요구를 받고 있음을 보여줌으로서만 하나님을 말한다.[172] 이런 이유로 불트만의 신학적 성찰로서의 현재하는 그리스도와 역사의 현재성이 매우 중요하다.

2. 역사 속에서의 인간: 역사의 현재화

불트만이 밝힌 역사적 예수의 입으로 선포된 말은 불안에 직면한 인간에게 진정한 본래적 인간, 참 자기로 결단하라는 요청이다. 불트

---

171 루돌프 불트만, "예수", 340.
172 루돌프 불트만, "예수", 340.

만은 그의 신학 작업을 무시간적 이념에 의해 이끌려가는 것을 거부하며 신학적 입장을 역사 밖에서 취하지 않았다. 예수의 선포에 대한 불트만의 해석은 시간 안에 살고 있는 한 인간의 구체적인 상황에서 이루어졌다. 오직 역사 안에서만 역사적인 과거와의 대화에 이를 수 있기 때문인 것이다.[173]

이토록 인간을 향한 결단을 요청하는 예수의 요구를 우리는 성서를 통하여 듣는다. 성서는 기록된 계시의 말씀이지만 동시에 역사적 문서(Text)이기도 하다. 지금 우리들의 손에 역사적으로 들려진 것은 텍스트이다. 이것이 나에게 결단을 요청하는 예수의 선포가 될 수 있는가에 대해 불트만은 먼저 신앙의 결단을 말하지만, 역사와 신앙을 첨예하게 분리하지 않는다.

그러면 우리는 결단의 요청을 이 역사에서도 들을 수 있다는 것인가에 대해 역사학자로서 불트만의 신학에서는 이것이 가능하다.[174] 바로 역사도 실존론적으로 해석하면 역사는 현재화가 이루어지고 현재화된 역사에서 진정한 역사적 결단을 할 수 있다고 한다.

이에 대해 불트만은 다음과 같이 말한다.

> 역사에 대한 인간의 관계는 자연에 대한 그것과는 다른 것이다. 인간은 그의 본래적 존재에서 파악될 때 자연과 구별된다. 인간이 관

---

[173] 루돌프 불트만, "예수", 244-245.
[174] 김동건, 『그리스도론의 역사』 (서울: 대한기독교서회, 2018), 678. 김동건은 불트만의 신학에서 역사와 신앙의 조화 문제를 주의 깊게 다루었다. 역사와 신앙의 조화를 위해 불트만은 텍스트를 역사 비평적 방법으로 재구성하지만 반드시 실존론적인 해석을 거친다. 이 과정을 통해 서로 대립되는 요소들이 변증법적인 조화를 이루고 있다고 본다.

찰하면서 자연을 향하면 그는 단지 거기서 자기 자신이 아닌 하나의 물존적(物存的, ein Vorhandenes)인 것을 확인할 뿐이다. 이에 반해 인간이 역사를 향하면 그는 실로 자신이 역사의 일부이며, 그러므로 자기 존재와 함께 그 자신이 얽혀 들어 있는 한 연관성(작용 연관성)을 향하고 있음을 고백하게 된다.[175]

그렇다면 불트만의 신학에 있어서 역사가 무엇 때문에 그토록 특이하게 드러나는 것인가에 대한 물음에 불트만은 역사는 역사 자체의 '자기 완결성'(für sich selbst)을 가지고 있지 않다고 보는 역사관을 가지고 있다.

역사적 현상이 역사적 현상으로 되는 것은 그것이 미래에 대해서 한 의미를 갖게 되는 그 미래와의 관계 속에서 비로소 그렇게 되는 것이라고 본다.[176] 즉, 모든 역사적 현상 하나 하나에 그 미래가 귀속하는 것인바, 그 장래에 비로소 그 '진상'(眞相, das, was es wirklich ist)이 나타날 그런 미래이다. 왜냐하면, 역사가 그 종말에 도달했을 때 비로소 그 참 본질이 결정적으로 나타나는 것이기 때문이다.[177]

이런 이유 때문에 역사의 의미에 관한 물음은 역사의 종말을 알았다고 하는 믿음에서 비로소 물을 수도 있고 대답할 수도 있다. 이런 역사의 의미에 관한 질문을 인류가 비로소 가능했던 것은 기독교의 역사 이해의 근거 위에서 발생된 것이다.[178] 그러므로 불트만은 종말

---

[175] 루돌프 불트만, "예수", 243.
[176] 루돌프 불트만, 『역사와 종말론』, 서남동 역 (서울: 대한기독교서회, 1998), 142.
[177] 루돌프 불트만, 『역사와 종말론』, 142.
[178] 루돌프 불트만, 『역사와 종말론』, 142.

론에 의해 성격 지어지는 기독교가 비로소 인류에게 역사에 대한 질문을 할 수 있도록 만든 종교라고 보았기 때문에 우리도 역사의 현재성을 추구하며 신학을 하는 것이 정당한 태도라고 본다.

불트만은 신약학자이면서 또한 역사가로서의 면모를 드러낸다. 인간 이해에 있어서 객관적 인간 이해가 아닌 실존적 인간 이해를 추구해온 자가 역사가로서의 역사 이해도 동일하게 객관적 역사관을 거부한다. 그 이유에 대해 김동건은 불트만에게 있어서 신앙과 역사가 분리되는 것을 막으려는 그의 신학적 고민이 있었기 때문이라고 했다.[179]

이런 주장은 타당하며 이 책에서도 불트만의 역사의 현재성을 다루는 또 다른 이유이기도 하다. 신앙이 역사와 상관없다면 역사 의식이 팽배해진 오늘 우리 시대에 기독교는 아무런 답을 주지 못하는 비역사적이며 자칫 신화적인 세계관에 계속 머물러 있으면서 자기 안정성을 찾으려는 잘못된 종교로 변질될 것을 누구보다도 우려했기 때문이다. 실제로 지금 우리의 기독교가 역사 인식이 없는 편협함에 물들어 있는 것은 어느 정도 사실이다. 여기에 불트만의 역사 이해는 뛰어난 통찰을 제공해 주고 있다고 할 것이다.

1) 역사의 주체 문제

불트만에게 있어서 역사란 아주 일반적으로는 다음과 같이 정의한다.

---

[179] 김동건, 『그리스도론의 역사』, 680.

> 시간의 흐름에서 계속 이어지면서 일어나는 사건들과 인류의 생활
> 상태를 표시한다. 주제가 자연인 자연사의 경우와 달리 역사적 사건
> 의 주체는 사람들이다.[180]

또한, 역사는 정치사, 경제사[181] 혹은 사회사[182]로 이해할 수 있고, 또 정신이나 이념의 역사 혹은 문명의 역사로 이해할 수도 있다.

그러나 문제는 역사의 핵심(核心)이라는 것이 어디에 있어서 그것을 통해서 역사가 그 본질과 그 의미를 얻게 되고 타당하게 될 수 있겠느냐 하는 것이다. 그렇지 않으면 역사는 무의미한 장난이나 한갓 구경거리에 불과하다.[183]

기독교적 인간은 법칙적으로 구성된 우주 안에서 유기적인 자리를 차지하는 것이 아니다. 오히려 인간은 역사 안에 처해 있다. 그의 본래의 본질은 의지(意志)이며 그의 인식은 역사를 위한, 곧 역사의 유산과 미래를 위한 그의 책임을 대상으로 삼는다.[184]

인간은 역사의 목표점에 서 있거나 역사 밖에 서 있는 존재가 아니다. 인간은 언제나 역사 내적인 존재다. 그러므로 역사의 의미에 관

---

[180] 루돌프 불트만, "역사와 전통에 관한 반성", 『學問과 實存』 III, 허혁 역 (서울: 성광문화사, 1981), 128.
[181] 루돌프 불트만, 『역사와 종말론』, 17. 칼 마르크스(唯物論, 1867)는 '변증법적 유물론'을 창안해 헤겔 철학의 객관적 정신을 역사 가운데 발전시킴으로 역사를 경제사로 변경시켰다.
[182] 루돌프 불트만, 『역사와 종말론』, 17. 콩트(Auguste Comte, 1798-1857)는 역사를 사회학으로 변경시킴으로써 역사를 과학의 지위에까지 끌어올릴 수가 있다고 했다.
[183] 루돌프 불트만, 『역사와 종말론』, 176.
[184] 루돌프 불트만, "그리스-로마 古典과 그리스도宣布에 의한 自由의 思想", 『學問과 實存』 III, 허혁 역 (서울: 성광문화사, 1981), 262.

해 묻는다면 언제나 '역사의 고유한 본질에 관한 물음'만이 유효하다.[185]

그러면 역사의 핵심은 무엇이며, 무엇이 역사의 고유한 주체인가? 이와 같은 물음에 대해서는 '그것은 인간'이라고 답변할 수 있다.[186] 역사가들의 많은 시도에 의해 결국 역사는 인간의 역사라는 것이 드러나 버렸다. 물론 역사를 정신사라고 말할 수도 있겠지만 결국은 그 정신도 인간 개개인이 사고하는 행동이기 때문에 역사의 주체는 인간성(humanity)이며 개개인의 인격 속에 있는 것들이다.[187] 그러므로 역사의 주체는 인간이라고 말할 수 있게 되는 것이다.[188]

역사가는 역사 밖에 서서 역사를 중립적으로 관찰할 수 없으며 이런 객관적인 역사 관찰은 불가능하다. 이런 객관화된 이해는 역사의 의미를 발견할 수 없다고 하며, 다음과 같이 말한다.

> 역사는 모든 과거가 현재에 특정한 과제들을 제기하여 주는 과제사(problem geschichte)[이다].[189]

또한, 다음과 같이 말한다.

---

185 루돌프 불트만, "그리스-로마 古典과 그리스도宣布에 의한 自由의 思想", 262.
186 루돌프 불트만, "그리스-로마 古典과 그리스도宣布에 의한 自由의 思想", 177.
187 루돌프 불트만, "그리스-로마 古典과 그리스도宣布에 의한 自由의 思想", 182.
188 여기서는 신앙 고백의 차원으로 '역사의 주인은 하나님이다'는 신앙 고백적 명제를 다루는 것이 아니다. 역사에 대한 역사학적 규명이기에 '역사의 주체는 인간이다'는 불트만의 명제를 따라 가야할 것이다. 인간만이 역사의 의미를 물을 수 있고 또한 물어야 하기 때문이다.
189 루돌프 불트만, "역사와 전통에 관한 반성", 132.

나의 결단들에서 수행되는 그때 그때의 나 자신의 역사이기도 하다. 그러므로 역사의 의미는 바로 역사가 그때마다 나의 결단들을 요구하며 그것으로써 나에게 그 요구를 돌린다는 데에 있다.[190]

그러므로 순간의 의미를 간과하고 객관적 역사 일반의 의미를 묻는 것은 결국 무의미한 일인 것이다. 따라서 역사의 의미는 그때마다 '현재'에 있으며 역사 피안에 있는 입장에 의해서가 아니라 '현재'에서만 발견된다고 할 수 있다.[191]

불트만은 그의 역사 이해를 서술함에 있어서 일관하게 주장하는 것이 실존적 역사관이다.

역사란 하나하나의 사건들이 그 안에서 관계없는 것이 없는 인과의 연쇄에 의해 그 안에서 연결되어 있는 운동이요 과정[이다].[192]

이 역사 안에서도 인간이 '참 실존'을 얻을 수 있는가를 묻는다.

2) 해석학적 문제

해석학은 오래된 학문이다. 오늘날 학문적 용어가 된 해석학(hermeneutics)은 그리스어 어원 헤르메뉴인(*hermeneuein*)에서 왔다. 그 뜻은 동사로 '해석하다'라는 의미이다. 이 용어의 뿌리는 그리스의

---

190 루돌프 불트만, "역사와 전통에 관한 반성", 136.
191 루돌프 불트만, "역사와 전통에 관한 반성", 137.
192 루돌프 불트만, "역사와 전통에 관한 반성", 139.

메신저의 역할을 담당한 신 헤르메스(Hermes)에서 왔다. 그 정의와 적용은 역사에 따라 달랐으나 대체로 아리스토텔레스 이후 문헌학(Philology)의 의미로 쓰이는 경향이 있었다.

초기에는 단순한 문법이나 문헌의 해독이 일차적인 목적이었다. 점차 해석학은 기록된 문서의 형식, 개념에 대한 이해, 문법적 특징 등의 법칙들과 연관해서 사용되었다. 해석학은 18세기가 되면서 그 뜻이 훨씬 확장되어 지금의 해석학이라는 용어로 쓰인다.[193] 즉, 해석학은 모든 기록된 문서, 문헌에 대한 해석을 학문적으로 체계화하고 연구의 대상으로 삼게 되었다.

근대에 와서 해석학은 점차 철학적 의미를 가지게 된다. 단순히 글자를 해독하는 것이 아니고, 그 문헌의 의미, 혹은 그 문헌을 남긴 자의 의도, 나아가 그 문헌을 가능하게 한 보이지 않는 이유와 문헌을 넘어서 있는 사회적 의미까지도 추구하게 되었다. 당연히 인문 과학에서는 해석학이 아주 중요한 분야로 등장하게 된다. 특히, 기록된 문서와 해석이 중요하게 취급되는 역사, 철학, 문학, 신학 등에서 중요하게 취급된다.[194]

기독교 세계의 영역 안에서 해석학에 대해 중요한 위치를 가진 사람은 슐라이어마허라고 말할 수 있다. 그에 의해 근대적 의미의 해석학이 자리를 잡는다. 특히, 슐라이어마허의 『해석학: 손으로 쓴 원고』[195]의 영향이 컸다. 그는 해석이란 '단순히 문법의 법칙만을 의미

---

[193] 김동건, 『현대신학의 흐름: 계시와 응답』 제1권, 451.
[194] 김동건, 『현대신학의 흐름: 계시와 응답』 제1권, 451.
[195] Schleiermacher, *Hermeneutics: The Handwritten Manuscripts* (Missoula: Scholars Press, 1977). "여기서 슐라이어마허는 자신의 심리적인 해석법을 역학적(易學的, divinatorische) 해석법이라 명명하며 하나의 문학 작품을 저자의 생의 한 계기로

하지 않는다'라고 믿었다. 어떤 이해를 위해서는 '그 본문 안에 내포된 저자의 사상과 감정'도 이해해야 한다. 그에 따르면 기록된 문서는 기록자의 삶의 한 순간의 특징적 감동과 경험과 연관되어 있음을 주장했다. 그는 해석학에 '심리학적 요소'가 있음을 제기했다. 즉, 본문 안에 붙어 있는 심리학적 의미를 유추함으로 해석자는 원래의 의미에 더 가까이 갈 수 있다.

한편, 슐라이어마허의 해석학은 W. 딜타이(W. Dilthey)에 의해 더욱 발전된다.[196] 19세기에 딜타이는 무엇보다 해석학적 범위를 더욱 확장한다. 그는 자연 과학과 대조해서 해석학을 모든 '인문 사회 과학'의 기초로 삼아야 함을 주장했다. 그는 제대로 된 본문 이해는 거기에 구현된 총체적인 삶의 경험에 대한 이해가 필요하다는 것을 깨달았다.

자연 과학은 관찰, 실험, 설명을 필요로 하지만 인문 과학은 이해, 인식, 통찰을 필요로 한다. 자연에 비해 인문 과학에서는 해석자의 인격적 개입과 해석의 능력이 중요한 요소가 된다. 이와 같은 근대 해석학은 슐라이어마허에서 시작되고 딜타이를 거쳐 가다머(Hans-

---

이해한다는 것이다. 해석자는 그가 해석해야 하는 작품이 발생한 경위를 자신의 방식대로 재생시키지 않으면 안 된다고 말한다. 말하자면 그는 그 작품을 다시 창작하지 않으면 안 된다. 저자와 해석자가 같은 인간적 감정을 나누어 가지고 있기 때문에 이것이 가능하다고 생각했다. 모든 사람은 남에게 대한 하나의 '감수성'(Empfänglichkeit)을 가지고 있는 것이고, 또한, 그러므로 서로 말하는 것을 이해할 수 있다는 것이다"(루돌프 불트만, 『역사와 종말론』, 133). 슐라이어마허의 이런 해석법으로 시도된 역사 해석학이 자유주의 신학에서 이어지면서 역사적 예수의 인격을 재구성할 수 있는 해석으로 촉발된 것으로 필자는 보고 있다.

[196] 루돌프 불트만, 『역사와 종말론』, 133.

Georg Gadamer)에 와서 확립된다.[197]

기독교는 기본적으로 경전 종교이다. 가장 중요한 종교적 특징이 경전이라는 텍스트(Text)에 달려 있다. 성서가 기독교라는 종교의 진리의 근거와 기준이 된다. 그런데 성서 역시 하나의 기록된 문서의 형태를 가지고 있다. 그러므로 당연히 성서에 대한 바른 해석의 문제가 등장한다. 따라서 기독교에서 성서 텍스트가 가지는 중요성만큼 해석학의 중요성도 비례한다. 신약학자로 출발한 불트만은 해석학에 깊은 관심을 가졌고, 해석학을 위한 원칙을 만들고 이를 성서에 적용했다.[198]

불트만은 역사의 본질에 관한 질문에 답하기 위해서는 반드시 '해석학적 방법'을 전제로 해야 한다고 말한다.[199] 해석을 위한 다양한 질문[200]들이 있지만 무엇보다도 불트만은 어떤 관념을 가지고 어떤 문전이나 작품에 관해서 '알아보자는' 질문을 던지겠는가 하는 것이고, 그 질문의 설정은 어떤 특정한 관심사에서 발생한다는 것 때문에 모종의 이해가 해당 사항 전에 전제되고 있다는 것이다. 불트만은 이것을 '전이해'(前理解, Vorverständnis)라 부른다.[201]

그런데 모든 해석, 모든 물음 및 이해가 '전이해'에 의해서 유도된다는 것이 옳다면, 그러면 도대체 '객관적'인 역사 지식을 얻을 수 있겠는가 하는 물음이 따른다. 물론 역사적 사건이라는 것이 어떤 지점에서 어떤 시간에 발생한 사건 이외의 것이 아닐 경우에는 객관적

---

[197] 김동건, 『현대신학의 흐름: 계시와 응답』 제1권, 452.
[198] 김동건, 『현대신학의 흐름: 계시와 응답』 제1권, 542.
[199] 루돌프 불트만, 『역사와 종말론』, 132.
[200] 루돌프 불트만, 『역사와 종말론』, 133-134.
[201] 루돌프 불트만, 『역사와 종말론』, 135.

인식이 가능하다.[202] 그러나 역사를 다만 공간과 시간 안에 확립시킬 수 있는 사건들과 행동의 영역으로서만 보는 것으로 역사를 충분하게 보았는지를 질문해 보아야 한다.

> 역사적 사건이나 행동은 그 의미와 그 중요성을 가지고서만 그것들이 하나의 역사적인 것으로서 있게 되는 것이다.[203]

자연 과학적 객관성과 역사학에서의 객관성은 같을 수가 없다. 역사학에서의 객관성이란 무엇을 의미하는가를 알기 위해서는 역사 기술에 있어서 두 가지 관점을 구별해야만 한다.

첫째, 역사가에 의해서 선택된 전망 혹은 관점이라고 말할 수 있다. 하나의 역사적인 현상은 다양한 특징적 견지에서 보일 수 있다. 그 이유는 사람이란 하나의 복합체(ein komplexes Wesen)이기 때문에도 그렇다.[204] 이런 여러 견해의 하나하나는 역사적 과정의 일면에 대해서 열려지고 있는 것이고, 또 하나하나의 관점은 어떤 객관적 진리를 현시(顯示)할 것이다.[205]

그러므로 역사가가 아무런 특정한 의문 없이 하나의 역사상을 갖는다는 것은 있을 수 없는 것이다. 어떤 특정한 관점으로부터만 역사적 현상을 인정할 수 있다. 이런 의미에서 역사가의 주관성은 객관적

---

[202] 루돌프 불트만,『역사와 종말론』, 140.
[203] 루돌프 불트만,『역사와 종말론』, 139.
[204] 루돌프 불트만, "학문과 실존",『學問과 實存』Ⅰ, 허혁 역 (서울: 성광문화사, 1981), 5.
[205] 루돌프 불트만,『역사와 종말론』, 140.

인 역사적 지식에 있어서 필요한 요소다.[206]

　즉 역사가의 주관성은 그가 잘못 보고 있다는 것이 아니라 그가 특정한 관점을 선택하고 있다는 것, 특정한 문제제기로부터 출발한다는 것을 뜻한다. 그런 관점이 없이는 어떤 역사상도 만들어낼 수가 없다.[207]

　둘째, 불트만은 이것을 "역사와의 실존적인 만남"[208]이라 말한다. 역사가가 가지는 주관성이라는 것은 단지 연구를 위해 선택하는 하나의 특수한 관점만을 말하는 것이 아니라, 그것은 한 관점을 택함으로 역사와 실존으로 만나 역사가 자신이 그 역사 속에 있으면서 그 역사에 책임적으로 참여할 때만 역사의 의미는 계시된다고 할 수 있다.[209]

　그렇다면 역사의 의미에 관한 물음은 언제 발생하는가에 대해 그 물음은 역사의 종말을 알았다고 하는 확신에서 비로소 물을 수도 있고 대답할 수도 있다. 이런 물음은 기독교 사상에서 비로소 발생했다. 그 이유는 다음과 같다.

　　그리스도인은 이 세계와 역사의 종말에 관해서 알고 있다고 믿었기 때문이다.[210]

206　루돌프 불트만, 『역사와 종말론』, 141.
207　루돌프 불트만, "학문과 실존", 5.
208　루돌프 불트만, 『역사와 종말론』, 140.
209　루돌프 불트만, 『역사와 종말론』, 141.
210　루돌프 불트만, 『역사와 종말론』, 143.

그런데 이런 기독교 신앙의 진리와 역사관은 철학적인 진리로서 세속화되었다.[211] 그렇다고 해서 역사의 의미에 관한 물음이 제거된 것은 아니다.

불트만은 이에 대해 다음과 같이 말한다.

> 우리의 현재를 위한 우리의 과거의 하나하나의 역사적인 사건들과 행동들의 의미에 관한 물음은 남아 있다.[212]

이런 현재는 동시에 우리의 미래에 대한 책임이 지워진 현재라는 것이다. 그러므로 과거에 대한 판단과 현재에 대한 판단은 서로 연결된 것이며 각각 서로를 밝혀 주는 것이다. 이런 성찰을 통해서 비로

---

[211] 루돌프 불트만, 『역사와 종말론』, 81. "대표적으로 칸트는 기독교의 전(全) 역사를 계시의 종교로부터 이성의 종교로 옮아가는 점차적인 전진으로 해석했다. 이로서 하나님의 나라는 지상에 윤리적인 국가로서 실현되는 것이다"(루돌프 불트만, 『역사와 종말론』, 82).
"칸트의 역사관은 기독교의 목적론적인 사관과 그 종말론을 도덕적으로 세속화한 것이라고 볼 수 있다"(루돌프 불트만, 『역사와 종말론』). 또한, "헤겔에 의하면 기독교의 구속사는 세계사의 수평 위에 투사되었다. 이런 통찰로써 기독교의 신앙의 진리는 분명하게 입증될 수 있다고 보았던 것이다. 헤겔은 세계사의 통일에 관한 기독교적 관념을 간직하기는 했지만 섭리의 관념은 철학적 사고에 합당하지 않다고 해서 포기했다. 역사를 통일시키는 하나님의 계획은 '절대 정신'으로서 이해해야 한다고 주창했다. 이 '절대 정신'은 正反合의 변증법에 따라서 역사 안에서 자기를 실현하는 것이라고 생각했다"(루돌프 불트만, 『역사와 종말론』, 83).
그리하여 역사의 목표는 종말론적인 미래가 아니라 절대 정신이 철학적 사고에서 실현되는 그 역사 과정 자체가 역사의 목표라는 것이다. 헤겔의 역사의 변증법을 이어받은 마르크스는 변증법적 유물론으로 자신이 헤겔의 철학을 완성시켰다고 생각하며 역사 과정을 움직이는 것은 정신이 아니라, 경제생활 속에 내재한 힘으로서의 '물질'로 보았다. 결국, 마르크스는 역사를 경제사로 함몰시켰다(루돌프 불트만, 『역사와 종말론』, 83-84).
[212] 루돌프 불트만, 『역사와 종말론』, 143.

소 과거의 여러 현상들은 진정한 역사적 현상이 되고, 그 뜻을 드러내기 시작하는 것이다.[213]

불트만은 그의 신학 작업 전반에 역사 비평학을 사용한 신학자이며 또한 역사가이다. 그는 실존주의 철학과 함께 자신의 실존주의 역사관을 정립한 사람이다. 그는 '실증적 역사'(History)와 '실존적 역사'(Geschichte)를 구별하여 사용했으며 실존적 역사에 역사의 진정한 의미를 부여했다.[214] 이에 대해 그는 다음과 같이 말한다.

> 진정한 역사적 지식은 이해하는 주체의 인격적인 활동과 그 개성의 충분한 발로를 요한다. 역사에 참여했다고 하는 것으로 감격하는 자, 즉 미래에 대한 책임감으로 역사적 현상에 대해서 자기를 열고 있는 그런 역사가만이 역사를 이해할 수 있다. 이런 의미에서 역사에 대한 가장 주관적인 해석이 동시에 가장 객관적인 해석이다.[215]

위와 같은 견해에 따라 불트만은 다음과 같이 말했다.

> 자기 고유의 역사적 실존에 의해서 움직여진 자만이 역사의 요구를 들을 수 있다.[216]

---

213 루돌프 불트만, 『역사와 종말론』, 143.
214 김동건, 『현대신학의 흐름: 계시와 응답』 제1권, 392.
215 루돌프 불트만, 『學問과 實存』, 8.
216 루돌프 불트만, 『역사와 종말론』, 144.

그는 역사를 단순히 과거의 시간과 공간에서 사실을 위주로 재구성하는 실증적 역사(History)에 관심을 두지 않았다. 그 이유로 불트만은 역사의 사실적 정보로는 언제나 과거의 역사에 머물 수밖에 없다고 보았기 때문이다. 역사는 그 역사와 마주하는 해석자의 실존과 대화할 때만 현재화가 일어나며 역사는 살아난다고 보았던 것이다.

이런 면에서 역사는 그 역사를 대하는 개인의 실존과 언제나 연관된다. 따라서 역사 연구에 임하는 인간 실존이 불트만의 역사 해석에 중요한 부분을 차지한다. 이런 관점은 불트만의 역사관에서 '시간성'에 대한 새로운 시각을 열어 준다.

그에게 과거는 언제나 실존을 통해 현재화가 될 수 있고, 미래는 실존의 결단의 가능성으로 열려 있다. 한 사람의 현존재 속에서 해석자는 과거와 만나 현재가 될 수 있고, 다가오는 미래는 실존의 가능성의 영역에서 결단을 통해 현재화된다.[217] 이에 대해 불트만은 다음과 같이 말한다.

> 나는 나의 결단들에서 역사적 상황에 의해 요구된 것을 위해서 뿐만 아니라, 또는 역사의 미래를 위해서 뿐만 아니라 동시에 나 자신의 미래를 위해서도 결단한다. 나는 나의 결단들로 인격인(人格人)이 된다. 역사의 의미는 바로 역사가 그때마다 나의 결단들을 요구하며 그것으로써 나에게 그 요구를 돌린다는 데, 다시 말하면 인격인이, 아니 나 자신이 되는 가능성을 나에게 제공한다는 데에 있지 않은가. 순간의 의미를 도외시하고 역사 일반의 의미를 묻는다면 그의 물음

---

217 김동건, 『현대신학의 흐름: 계시와 응답』 제1권, 392.

은 헛된 것일 것이다. 역사의 의미는 그때마다 현재에 있으며 역사 피안에 있는 입장에 의해서가 아니라 현재에서만 발견된다.[218]

불트만 신학의 뛰어난 점은 그의 역사관을 성서의 말씀과 연결시킨 작업이다.[219]

> 우리의 과제는 성서가 말하는 것을 우리로 하여금 이해하게 하는 해석학적 원리를 발견하는 일이다. 우리는 이 물음에서 벗어날 수 없다. 모든 역사적 증서는 원칙적으로 이 물음을 제기하기 때문이다.[220]

즉 2,000년 전 예수에 대한 기록은 단순한 과거의 텍스트(text)가 아니고, 그 성서를 대하는 실존과의 만남을 통해 언제나 현재화가 된다. 그의 신학 전반에 자리잡은 이 사상은 성서의 말씀으로서의 예수의 현재화를 염두에 두고 있다. 다가오는 그리스도는 단순한 미래의 인물이 아니라 실존과 마주침 속에서 항상 나에게 현재화 될 수 있다.[221] 그렇지 않으면 신화적 표현 양식과 텍스트에 갇혀있는 처분 가능한 우상일 뿐이다.

---

[218] 루돌프 불트만, "역사와 전통에 관한 반성", 136-137.
[219] 김동건, 『현대신학의 흐름: 계시와 응답』 제1권, 392.
[220] 루돌프 불트만, "예수 그리스도와 신화", 241.
[221] 루돌프 불트만, "예수 그리스도와 신화", 256.

3) 텍스트(Text)와 역사

불트만은 성서도 역사적인 문전으로서 우리에게 주어진 해석이 필요한 텍스트로 보고 있다. 우리에게 전승으로 전달된 역사적 문서들을 어떻게 이해해야 할 것인가에 대한 역사 연구에 있어서도 대상은 문전이다.

또한, 우리가 가진 계시의 책인 성서도 텍스트(Text)로 우리에게 주어져 있다. 하지만 텍스트 그 자체로는 역사에 아무런 의미를 줄 수 없다. 그 텍스트와 해석자가 실존적으로 만날 수 있어야 비로소 역사도 현재화되는 것이고, 그 역사 앞에 인간은 구체적인 결단을 할 수 있게 된다. 불트만은 역사를 객관적 관찰 대상으로 보는 것을 거부한다.[222]

역사 연구에 있어서 얻은 본래의 이득은 물론 이해할 수 있는 흥미 있는 과거상을 재구성하는 데 있지 않다. 오히려 역사 연구가 실제로 모든 행위를 솟아나게 하는 인간의 자기 이해의 가능성을 인간적인 것으로서 결코 단순히 지나간 것이 아닌, 오히려 언제나 다시 현재적인 것이 되는 가능성들을 보여주는 데 있다.

그러므로 순수한 역사적 관찰은 언제나 자신을 어떻게 이해해야 하며 그의 세계에서, 인간의 공동성에서, 저 피안의 세력 곧 하나님에 대한 관계에서 인간은 자신을 어떻게 이해해야 하는가를 묻는 결단의 문제로 귀착된다.[223]

---

222 루돌프 불트만, 『역사와 종말론』, 142-143.
223 루돌프 불트만, "그리스-로마 古典과 그리스도宣布에 의한 자유의 思想", 261.

(1) 주석의 전제성: 전이해(前理解)

불트만은 다음과 같이 분명하게 해석학적 의도를 말한다.

> 전제들 없이 텍스트(Text)를 읽을 수 있는 사람은 없다.

그러나 우리가 그 전제들을 어느 정도까지 해롭지 않은 것으로, 아니 유익한 것으로 만들 수 있으려면 그 전제들을 분명하게 파악하는 선입견(先入見)으로서의 그것들이 선행(先行) 물음이 되어야 한다.[224]

역사 연구의 자료로서 텍스트는 반드시 해석을 필요로 한다. 불트만은 텍스트를 해석함에 텍스트가 무엇을 말하는가를 듣지 않고 주석자 자신이 이미 알고 있는 것을 텍스트로 하여금 말하도록 하는 알레고리화를 거부한다.[225]

또한, 교의학적 선입견에 의한 주석은 모두 텍스트가 말하는 것을 듣지 않고 오히려 주석이 듣고자 하는 것을 텍스트로 하여금 말하게 하는 것도 역시 거부한다.[226]

물론 전제가 없는 주석이란 사실 존재할 수 없다고 할 수 있지만, 그럼에도 주석가는 자신의 개성을 탈피하고 순수한 객관적 관심을 가지고 들을 수 있도록 훈련이 되어야 한다.

---

[224] 루돌프 불트만, "신약성서의 교회와 가르침", 『學問과 實存』 II, 허혁 역 (서울: 성광문화사, 1981), 325.
[225] 루돌프 불트만, "前提 없는 註釋이 가능한가?", 『學問과 實存』 I, 허혁 역 (서울: 성광문화사, 1981), 135. 텍스트에 알레고리가 실려 있다면 알레고리로 해석해야함은 자명하다. 그런 해석은 알레고리화가 아니다. 뿐만 아니라 그것은 텍스트가 지향하는 의미를 묻고 있는 것이다.
[226] 루돌프 불트만, "前提 없는 註釋이 가능한가?", 136.

그러나 텍스트 탐구에서 피할 수 없는 전제는 역사적 방법이다. 주석은 실로 역사적 문헌의 해석이라는 점에서 일종의 역사 과학이라고 할 수 있다는 사실에서 다음과 같이 말한다.

> 텍스트를 문법과 사전에 의하여 해석하는 것이 역사적 방법에 속하는 것은 분명하다. 역사적 주석이 한 텍스트의 독특한 문체를 밝혀야 한다는 것은 이 사실과 아주 밀접하게 연결되어 있다.[227]

낱말과 문법, 문체를 연구해 보면, 모든 텍스트는 각기 자기 시대와 그의 역사적 영역의 언어로 말하고 있다는 사실을 주석가는 알아야 한다.[228] 즉, 주석자는 해석되어야 할 원문(Text)이 유래한 시대의 언어의 역사적 조건을 알아야만 한다.

역사 과학은 역사적 사건에서 하나님의 행위를 보려는가의 문제는 각 개인에게 맡겨둘 수 있을 뿐이다. 역사 과학은 이런 방법으로 모든 역사적 문헌을 다룬다. 성서도 통틀어 역사적으로 이해된다면 여기서 제외될 수 없다고 본다.[229]

그래서 불트만은 계시의 말씀이라고 하는 성서도 역사학 앞에 당당히 내어 놓고 평가받을 수 있다고 보는 것이다. 그는 이런 비판과 연구를 통해 성서가 결코 사라지거나 훼손된다고 보지 않는다. 성서는 역사적 기록물이기는 하지만 하나님의 계시로서 신앙의 증언이요, 선포이므로 여기에 해당되지 않는다고 반대할 수도 없다.

---

227 루돌프 불트만, "前提 없는 註釋이 가능한가?", 136.
228 루돌프 불트만, "前提 없는 註釋이 가능한가?", 136.
229 루돌프 불트만, "前提 없는 註釋이 가능한가?", 137.

물론 성서의 텍스트들이 신앙의 증언이고 선포임에 틀림없지만 이 문서들이 증언과 선포로 이해되려면 오히려 역사 과학적 해석의 방법 앞에 개방적으로 열어 둬야 할 것이다. 그렇지 않으면 그 텍스트들은 우리와는 먼 시대, 낯선 세계상의 개념과 언어로만 남아있게 될 것이다.[230]

성서의 텍스트는 해석되어야 하고, 번역은 역사 과학의 과제이다.[231]

한편, 해석의 목표는 이를테면 지나간 역사의 연관성을 재구성하는데 대한 관심, 정치사, 사회생활 문제, 형태사, 정신사, 포괄적 의미의 문화사 등에 대한 관심에 의하여 주어질 수도 있다. 이 경우의 해석은 언제나 해석자가 역사 일반에서 얻은 이해에 의하여 미리 결정될 것이다.[232]

해석의 목표는 심리학적 관심에 의하여서도 주어지는데, 이 경우 문헌(Text)은 말하자면 개인-심리학적, 혹은 민족-심리학적, 또는 종교-심리학적 문제 설정에 의해, 즉 작시(作詩) 혹은 기술 심리학 등에 대한 물음에 의해 제약된다. 이 모든 경우 해석은 전제된 심리현상에 대한 '전이해'에 의하여 수행된다.[233]

또 다른 해석의 목표는 인간의 현존이 움직이며, 자신의 가능성을 얻어 성취하고 이 가능성에 대한 자각에서 자기 자신, 즉 특수한 가

---

[230] 루돌프 불트만, "前提 없는 註釋이 가능한가?", 138.
[231] 루돌프 불트만, "前提 없는 註釋이 가능한가?", 138.
[232] 루돌프 불트만, "해석학의 문제", 『學問과 實存 I』, 허혁 역 (서울: 성광문화사, 1981), 299.
[233] 루돌프 불트만, "해석학의 문제", 300.

능성에 대한 이해를 얻는 생활 영역으로서의 역사에 대한 관심에서 제기될 수 있다. 달리 말하면, 목표는 특수한 존재로서의 인간 존재를 묻는 데서 얻어질 수 있다는 말이다. 이런 문제를 다루는 가장 가까운 문헌은 철학과 종교, 시의 문헌이라 할 수 있다.

그러나 근본적인 의미에서는 어느 문헌도 역사 일반이 그렇듯이 이 질문의 요구에서 비켜갈 수 없다.[234] 그러므로 불트만은 문헌(Text)은 질문을 통하지 않고는 결코 해석될 수 없다고 하면서 다음과 같이 말한다.

> 특수한 존재로서의 인간 존재의 질문은 항상 인간 존재에 대한 하나의 잠정적인 이해, 즉 하나의 특수한 실존 이해에 의하여 유도된다. 이 이해는 단순한 것이지만 하나의 질문을 가능하게 하는 규범의 모태이기도한 것을 뜻하는데 이를테면 '구원'에 대한 문제를 비롯하여 개인생활이나 역사의 '의의', 행위의 윤리적 규범 그리고 공동생활의 질서 등에 대한 물음이 그것이다.
> 이런 '전이해'와 이것에서 온 물음이 없으면 문헌은 말을 못한다. 문제는 '전이해'를 제거하는 것이 아니라, 오히려 그것을 의식하게 하고 문헌의 이해에서 철저히 비판하게 하며 검토하게 한다. 다시 말해, 문헌을 묻는 일은 곧 문헌에 의하여 질문자 자신이 도로 심문을 받고 그것의 요구를 경청하는 일이다.[235]

---

[234] 루돌프 불트만, "해석학의 문제", 300.
[235] 루돌프 불트만, "해석학의 문제", 300.

위와 같은 관점에서 문제는 이 문헌이 성서일 때도 마찬가지라는 것이다. 성서의 텍스트에서 감사와 의무 등을 위한 가능성이 나에게 열리려면 나는 감사와 의무, 미움과 사랑 등을 위한 전이해(前理解)를 나 자신의 가능성들로서 가지고 있어야 한다. 죄와 용서가 내게 말해질 때마다 그것을 이해하려면 나는 그것들에 관한 전이해(前理解)를 가지고 있어야 한다.[236]

그러나 결정적인 것은 나의 임의에 맡겨진 것으로서 내가 이런 것 저런 것을 마음대로 선택할 수도, 선택을 포기할 수도 있거나, 이런 것에 머물 수도 있는 이해의 가능성들이 아니라, 나 스스로 임의로 파악할 수 없는, 오히려 나를 역사적 상황에 세우며 나 자신을 선택하게 하며 그것으로서 새로운 존재가 될 수 있게 하는 나 자신의 가능성을 그때그때 문제한다.

그런 가능성에 대해 나는 선택을 포기하고 옛 사람으로 머물 수 있는 가능성 같은 것을 가지고 있지 않다. 나는 오히려 그런 가능성 앞에 세워지며 결단이 요구된다. 그리고 이 결단의 상황은 그때그때마다 새로운 것이다.[237]

(2) 주석의 삶의 연관성

역사 과학적 이해는 역사에서 문제되는 것과 역사 안에서 행위하는 인간에 대한 내용적 이해를 전제한다. 그러나 이것으로 말해진 것

---

[236] 여기서 불트만이 말하는 전이해는 개념들로 확언된 이해만을 뜻할 필요는 없다; 그것은 오히려 실존적으로 나의 현존 자체에서 주어진 것이다. 그것은 개념적인 해석성으로 나에게 현재적일 수 있다. 그러나 해석자가 흔히 비평 없이 전통에서 받아들이는 해석성은 나에게 순수한 이해를 은폐할 수도 있다.
[237] 루돌프 불트만, "신약성서의 교회와 가르침", 332.

은 역사적으로 이해한다는 것이 항상 텍스트에 표현되고 있는 내용과 해석자의 관계를 전제로 하고 있다는 것이다. 이 관계는 마치 음악에 관계하는 자만이 음악에 관한 문헌을 이해할 수 있는 것과 같이 해석자가 서 있는 삶의 정황에 의해 이루어지는 것이다.[238]

역사 해석에 있어서 삶의 연관성으로서의 '전이해'는 항상 전제되어 있고 이 '전이해' 때문에 선입견이 주어지는 것은 아니다. 역사상(歷史像)이 왜곡되는 것은 단지 주석가가 자기의 '전이해'(前理解)를 궁극적인 것으로 간주할 때 뿐[239]이라는 점에서 불트만은 다음과 같이 말한다.

> 이해하는 모든 해석의 전제는 문헌(Text)에서 직접 간접으로 문제되고 논의의 방향을 정해 주는 내용과의 선행적 생활 관계이다. 문헌과 해석자를 연결해 주는 이런 생활 관계가 없이 어떤 논의도 이해가 불가능하고 논의의 동기도 있을 수 없다.[240]

불트만에게 있어서 역사의 현재성을 위한 해석으로서의 '삶의 연관성'은 우리가 문제들에 의해 움직여지면서 역사를 물을 때 역사는

---

[238] 루돌프 불트만, "前提 없는 註釋이 가능한가?", 139.
[239] 루돌프 불트만, 『역사와 종말론』, 140. 역사를 쓰되 그것을 정치사로도 경제사로도 쓸 수 있고, 여러 문제와 이념들의 역사로도, 또 개인들과 성격들의 역사로도 쓸 수 있다. 역사적 판단은 심리적인 혹은 윤리적인 관심에 의해서, 또는 審美的인 관심에 의해서 유도될 수도 있다. 이들 상이한 여러 견해의 하나하나는 역사적 과정의 일면에 대해서 열려지고 있는 것이고 또 하나하나의 관점은 어떤 객관적인 진리를 顯示할 것이다. 만일 한 단일한 관점이 절대적인 것이 되면 그것은 도그마가 되고 그 역사관은 거짓이 된다. 예를 들자면 마르크스는 역사 이해를 경제사로 궁극적인 해석을 하므로 역사상이 왜곡된 것이다.
[240] 루돌프 불트만, "해석학의 문제", 299.

실제로 우리에게 말하기 시작한다는 의미에서만 참일 것이다. 지나간 것은 그것과의 대화에서 살아있는 것으로 현재화되고 우리는 역사와 함께 우리 자신의 현재를 인식할 줄 알게 된다.[241]

따라서 불트만이 말하는 역사를 이해하기 위한 태도는 역사와 분리된 '중립적 방관자', 다시 말해 역사에 대한 객관적 관찰자의 자세인 무책임한 삶으로서 역사에 대립해 있는 자가 아니라, 그 자신이 역사 안에서 역사 책임적인 삶을 사는 자에게만 올바른 역사 해석이 가능하다고 본다.[242]

다시 말해서, 역사에 참여했다고 하는 것으로 감격하는 자, 미래에 대한 책임감으로 역사적 현상에 대해서 자기를 열고 있는 자, 이런 역사가만이 역사를 이해할 수 있다는 사실에서 불트만은 다음과 같이 말한다.

> 자기 고유의 역사적 실존에 의해서 감동된 역사가만이 역사의 요구를 들을 수 있다.[243]

우리는 자기의 역사성에서 생기는 역사와의 이 해후를 실존적(existenziell) 해후라고 부른다. 그래서 실존적으로 행동하며 살아 있는 주체만이 역사를 바로 그의 객관적 내용에서 이해할 수 있다는 것이다. 다른 말로 표현하자면 다음과 같다.

---

[241] 루돌프 불트만, "前提 없는 註釋이 가능한가?", 139.
[242] 루돌프 불트만, "前提 없는 註釋이 가능한가?", 139.
[243] 루돌프 불트만, 『역사와 종말론』, 144.

> 역사에 대한 가장 주관적인 해석이 동시에 가장 객관적인 해석이다.

이 말은 역사에 실존적으로 참여하지 않으면 역사는 해석될 수 없다는 불트만의 주장인 것이다. 그는 연대기적인 객관적 역사 기술을 말하지 않는다.[244] 역사는 역사가 자신이 그 역사 속에 서 있으면서 그것을 의식하고 그 역사에 책임적으로 참여할 때, 다만 그 때에만 한 의미를 계시하는 것이라고 할 수 있다.

한편, 텍스트와의 실존적 해후는 부정적으로든 긍정적으로든 이끌어갈 수 있다. 왜냐하면, 텍스트에서 주석가는 어떤 요구에 부딪치고, 여기에서 그가 받아들일 수도, 거부할 수도 있는 자기 이해가 그에게 제시되기 때문이다. 즉, 결단이 요구되기 때문인데, 이것을 텍스트의 현재화라고 말할 수 있다. 이것을 성서에도 적용을 한다면 우리는 성서의 텍스트와 실존적 해후를 할 수 있고 성서의 텍스트는 우리에게 결단을 요청하는 선포로 듣게 될 것이다.

불트만은 다음과 같이 말한다.

> 선포는 단순히 성서의 말(Text)들을 낭독하거나 보도적으로 해명하는 것으로 끝내서는 안 된다.[245]

그것은 오히려 그 말들에 현실적인 성격을 제공함으로써 마치 그 순간에 솟아나는 말인 것처럼 지금 여기에서 '산 말'(*viva vox*)로서 들

---

[244] 루돌프 불트만, 『역사와 종말론』, 138-139.
[245] 루돌프 불트만, "일반적 진리들과 그리스도 선포", 『學問과 實存』 III, 허혁 역 (서울: 성광문화사, 1981), 85.

리도록 해야 한다.²⁴⁶

　설교가 성서 해석이라는 사실이 그것이 일반적인 진리들을 전하지 않는다는 것을 위한 보장은 아직 아니다. 그것은 어떤 다른 의미에서, 말하자면 이른바 기독교적 세계관 또는 기독교적 교훈들, 기독교적인 교의학의 명제들을 전하는 것일 수도 있기 때문이다.

　그러므로 그것이 언제나 어디서나 인간에게 접할 수 있으며 일반적으로 타당한 진리들이라는 의미에서의 일반적인 진리들은 아니다. 그렇지만 그것이 인간의 정신이나 이성에 속하지 않고 이른바 계시를 통하여 주어지며 정당화된 진리들을 일반적으로 타당한 진리들로서 주장한다는 의미에서는 일반적인 진리들이다.

　이런 일반적인 진리들의 전달로서의 설교는 선포도, 부름말도 아니라 오히려 관공서의 고지들, 또는 법령들을 전달하는 것과 같은 의미에서의 전달이다. 그런 설교는 가령 그것이 전달된 진리의 경건한 승인을 권하는 것이든지, 실천적인 행위를 위한 것이든지 그 전달에 권유를 첨가하는 것으로도 부름말이 되지 못한다.²⁴⁷

　왜냐하면, 그것은 순수한 설교에서 '전달'되는 것은 물론 하나의 사건, 즉 예수 그리스도 안에서 일어난 하나님의 은혜에 대한 계시의 사건이기 때문이다.

　그러나 주목해야 할 것은 그것이 일어난 계시 대신 본래 일어나는 계시를 뜻하는 것이다. 왜냐하면, 이 전달은 지나간 역사학적 사실을 알리는 것이 아니기 때문이다. 그 역설은 오히려 이 '전달'에서 역사

246　루돌프 불트만, "일반적 진리들과 그리스도 선포", 85.
247　루돌프 불트만, "일반적 진리들과 그리스도 선포", 85.

학적 사건이 종말론적 사건으로서 선포되면서 저 사건이 항상 새롭게 수행된다는 사실이다.[248]

그러므로 텍스트와 실존적이 만남이 없이는, 즉 현재화가 이루어지지 않고는 성서도 결국은 침묵하는 말(Text)일 뿐이라는 것이다. 이런 역사적인 텍스트(Text)를 성서 해석에 적용해서 성서를 새롭게 해석한 불트만의 실존론적 해석이 '비신화화론'이다.

---

[248] 루돌프 불트만, "일반적 진리들과 그리스도 선포", 85-86.

제3장
그리스도의 현재화

1. 성서(Text)에 현재하는 그리스도

　기독교는 '경전'(經典) 종교이다. 기독교의 근본은 성서(Text)에 의존해 있다. 그러므로 성서를 배척하고는 그 어떤 종교 운동이라 할지라도 기독교적일 수가 없다. 불트만은 무엇보다도 하나님의 계시로서의 자연을 거부한다.
　오로지 성서만이 하나님의 계시임을 인정하며, '자연 계시'에 대해선 비판적인 입장을 취한다. 이런 의미에서 불트만은 철저한 루터의 신학과 신정통주의 신학 입장에 서 있다고 할 수 있다. 그는 계시로서의 하나님의 말씀인 성서와의 관계를 다음과 같이 말한다.

　　우리는 하나님의 계시가 된다고 하는 근거 없는 주장을 내세우는 어떤 낡은 책이 아니라, 바로 이 계시로 우리의 주의를 돌려야 한다. 그리스도인으로서 우리는 그런 소리를 따를 수 없다. 또 하나님은 그의 말씀을 통해서 우리에게 계시했고 또 계시하고 계시다는 것, 또한 그는 성서의 말씀을 통해서 우리에게 말을 걸어오고 또 우리의 말을 듣기를 원하신다는 것, 또 우리가 그의 말을 성서에서 듣지 못

한다면 아무데서도 들을 수 없다는 것이다.¹

이처럼 불트만은 다음과 같이 말하며 계시로서의 성서를 철저하게 인식하고 있다.

자연은 하나님의 계시가 아니다.²

나아가 그 누구보다도 하나님의 계시로서 성서를 수호하고자 했던 것이다. 따라서 그는 성서의 말씀을 통해서 하나님을 알지만 그런데도 자연을 통한 하나님의 증거를 다음과 같이 말하고 있다.

전지전능자, 무소부재하신 하나님은 자연 가운데 현존하지 않는다. 성서의 말씀, 예수 그리스도의 복음을 통해서 우리에게 말씀하시므로 우리는 일차적으로 우리가 자연을 통해서 그를 알 수는 없다.

---

1 루돌프 불트만, 『此岸과 彼岸』, 44. 불트만이 이 설교에서 밝히고자 했던 것은 자연 과학적 세계로서의 자연만을 말하는 것이 아니고 인간도 함께 말하고 있다. 독일의 국가 사회주의의 발흥으로 마치 특정한 인간으로서의 개인이 하나님의 계시 사건이 될 수 있는 것을 철저히 막고자했던 정치적인 이유가 깊게 깔려 있는 설교인 것이다. 이런 의미에서 불트만은 역사로서의 계시를 거부하고 오직 성서만이 계시라고 주장한다. "하나님이 자연과 역사에서 항상 계시하시는 일은 우리에게 바로 계시가 없다는 것, 우리 자신과 우리의 소유가 하나님 앞에서 무(無)라는 것을 우리에게 가르치는 일이다. 자연과 역사 안에서의 계시의 의미는 단지 받을 수만 있으며, 받지 않은 것은 아무것도 가지고 있지 않다는 것을 알고 있는 자의 자세를, 즉 신앙의 자세를 그것이 우리에게 항상 다시 지시한다는 데에 있다. 그러므로 자연과 역사 안에서의 계시의 의미는 결국 용서하는 그리스도 안에서의 하나님의 은혜의 계시를 항상 지시하는 데에 있는 것이다"(참고, 루돌프 불트만, "자연 계시에 관한 문제", 『學問과 實存』 I, 허혁 역 (서울: 성광문화사, 1981), 284).
2 루돌프 불트만, 『此岸과 彼岸』, 44.

> 그러나 예수 그리스도를 통해서 그를 아는 자로서 우리는 자연을 통해서도 그의 증거하심에 경청하고 자연 속의 그의 현존을 경외와 감사로 찬양해야 한다.³

위의 글에서와 같이 불트만은 일차적으로 성서를 통해서 하나님을 알아갈 수 있으며, 그 말씀에 의해 그리스도를 아는 자로서 자연을 통한 하나님의 증거하심과 현존에 감사하고 찬양해야 한다고 했다. 즉, 성서에 의한 자연 계시가 유효하다는 것이다.

한편, 신약성서가 역사, 특히 종교사의 한 증서이기 때문에 그 해명은 역사적 연구 작업을 요구하는데, 이 작업의 방법은 계몽주의 시대 이후 형성되었고 초대 기독교의 연구와 신약성서의 해명에서 유용한 것으로 성장했다. 이런 작업은 두 가지 관심 즉 재구성이 아니면 해석, 즉 지나간 역사의 재구성 또는 신약성서 문헌들의 해명에 대한 관심에 의해 수행될 수 있다.

물론 어느 하나 없이는 어느 하나도 존재하지 않고 이 둘은 서로 작용한다. 그러나 이 둘 중 어느 것이 다른 것에 이용되는가라는 문제는 역시 제기된다. 신약성서의 문헌들이 '사료(史料)들'로서, 즉 역사가가 해석하고 그것들로부터 초대 기독교의 상을 역사적 과거의 현상으로 재구성하는 사료들로서 문제가 될 수 있거나 아니면 신약성서의 문헌들이 현재에 무엇을 말해야 한다는 전제 아래 이 재구성이 신약성서 문헌들의 해석에 이용될 수 있다.⁴

---

3 루돌프 불트만,『此岸과 彼岸』, 45.
4 루돌프 불트만,『新約聖書神學』, 616.

그러므로 신약성서의 텍스트 자체로는 이론적 가르침이나 무시간적 보편적 진리들로서 현재의 의미를 주장할 수 없고 오로지 '인간실존에 관한 이해의 표현'으로서만 그것을 주장할 수 있다. 그리고 이 이해는 현재의 인간을 위해서도 그의 자기 이해의 가능성, 신약성서에 의해 그에게 밝혀지는 가능성인데 이런 자기 이해가 케리그마, 즉 그를 부르는 하나님의 말에 대한 대답임을 이 이해가 그에게 보여줄 뿐 아니라 케리그마 자체를 그에게 중개한다는 것을 보여준다.[5]

불트만이 받는 오해 중의 가장 큰 오해는 "성서는 신화이다"라고 했다는 것이다. 많은 사람이 불트만을 오해하고 그의 신학 작업의 진정한 의도를 알지 못하고 있다.[6] 불트만을 비판하는 대부분의 논문을 보면 마치 기독교를 허무는 신학자인양 주장하는데 그것은 불트만의 신학을 오해한 데서 연유한 것이다.

불트만은 자신의 신학으로 기독교나 성서를 허물려고 의도하지도 않았고 오히려 불트만의 신학에서는 기독교를 올바로 세우려는 신학 작업임이 명백하게 드러난다. 그것 중 가장 위대하다고 할 수 있는 것이 성서의 '비신화화'(Entmythologisierung)를 위한 '실존론적 해석'이라고 할 수 있다.

'비신화화'란 신화적 표현 양식으로 기록된 성서의 내용을 현대인의 구미에 맞도록 자연 과학적 해석이나 역사 실증주의적인 해석을

---

[5] 루돌프 불트만, 『新約聖書神學』, 617.
[6] 이런 오해를 하는 사람들은 주로 신학자로서의 말이라기보다는 신학에 대한 깊은 성찰 없이 감정적 신앙의 열의만으로 목회를 하려는 사람들의 자기 방어적 주장일 경우가 대부분이다. 이들이 가진 취약점은 바로 불트만의 책을 전혀 읽지 않고 잘못된 정보에 의존하는 경우가 많다. 참고, W. 슈미탈스, 『불트만의 實存論的 神學』, 26.

하자는 것이 아니다. 그것은 불트만이 의도했던 비신화화가 아니다. 살아계신 하나님을 경험한 성서의 기록자들은 그들의 전 실존을 걸고 하나님 앞에 응답한 자들이지만 그 표현 양식은 그 시대의 한계를 벗어날 수 없다. 그러므로 그 표현된 양식 너머 실존의 경험을 재해석하자는 것이다.[7]

불트만은 양식사 비평과 역사 비평을 통해서 자신의 학문적 역량을 펼치면서 혹독하리만치 성서(Text)를 비평했다. 하지만 그것은 성서의 권위를 허무는 것이 아니고 성서는 그 어떤 비평을 가해도 성서는 계시의 말씀이기 때문에 사라지지 않으며, 성서는 하나님의 계시이며, 우리를 부르는 부름말로서의 하나님의 말이기에 성서는 그 자체의 능력으로 살아남는다는 것을 보여 주었다.

만약 성서가 역사적인 산물에 불과한 인간의 서술이라면 인간의 비평과 토론에서 살아남지 못했을 것이다. 불트만에게 있어서 성서는 분명한 하나님의 계시의 말씀이지만 그 계시가 신비적 합일에 의해 인간성이 제외된 글로서 우리에게 온 것이 아니라 역사적 산물로서의 텍스트 임에는 틀림없다고 본 것이다.

성서 기록자들의 가장 두드러지는 특징은 그들이 하나님을 만나고 결단을 하는 실존적 만남의 표현들이 오늘 우리들에게는 해석이 필요한 신화적 배경의 언어로 기록되었다는 것이다. 그러므로 성서가 성서로서 살아있게 하고, 성서를 통하여 그리스도와 실존적 만남을 이루기 위해 불트만은 비평적 신학 작업을 하게 된 것이다. 다시 말해, 성서가 계시의 말씀임을 강하게 인정하는 만큼 역사적인 문서임

---

[7] 루돌프 불트만, "예수 그리스도와 신화", 220-221.

도 당연시한다.

그렇다면 이 역사적인 문헌이 어떻게 계시의 말씀이 되며, 이 텍스트로서의 성서가 어떻게 하나님의 말씀으로 선포된다고 할 수 있는지, 그리고 어떤 방식으로 성서가 하나님이 말씀이라고 해명되는지, 텍스트인 성서에 현재하는 그리스도가 어떤 방식으로 우리와 만날 수 있는지에 대한 물음을 가지고 불트만의 비신화화를 살펴보자.

1) 성서(Text)의 비신화화의 필요성

불트만에 의해 제기된 '비신화화'는 항상 그의 이름과 함께 제기된다. 최초의 비신화화 논문은 20세기에 가장 많이 토론되고 논쟁적인 단일 신학 저술로 간주되고 있다. 그러나 비신화화 논문들은 그의 신학에서 새롭게 출발한 것이라기보다는 이미 불트만의 저작에 익숙한 사람들에게는 친숙한 것을 구체적으로 되풀이한 것에 불과하다.[8]

이런 신학 작업을 수행하게 된 계기는 독일의 고백교회 내에서 토론을 불러 일으키려는 의도였다. 불트만이 보기에 고백교회는 편협하고 시대에 뒤떨어진 정통주의 속으로 빠져 들어갈 위험에 처해 있었다. 여기에 불트만은 교회의 지적(知的) 투명성과 교회의 증언의 용기를 일으키고자 하는 정치적인 의도도 포함되었다.[9]

---

8   데이비드 퍼거슨, 『불트만』, 173.
9   데이비드 퍼거슨, 『불트만』, 174. 불트만은 정치적으로 현장에서 직접적인 참여와 투쟁을 하지는 않았지만 신학자로서 히틀러의 '국가 사회주의'에 저항하는 방식으로 그는 그의 시대에 신학을 한 사람이었다. 고백교회를 대표하는 바르멘 교회 회의는 국가 사회주의에 대한 교회의 저항의 최고의 집단적인 실례였다. 불트만은 바르멘선언의 서명자요 고백교회의 회원이었으며 자신의 가까운 친구요, 마르부르크의 동료인 한스 폰 소덴(Hans von Soden)과 함께했다. 불트

제3장 그리스도의 현재화 135

여기에서 먼저 불트만의 '비신화화'를 이해하기 위해서는 불트만이 밝히는 신화는 어떤 개념인가를 살펴보아야 할 것이다. 불트만은 신약성서의 세계관이 본질적으로 신화론적이라고 말한다. 신화론적 세계관이란 세계를 3층 건물과 같은 것으로 보고 있다는 것이다. 즉, 이 세계가 하늘, 땅, 지옥이라는 3층으로 만들어졌다고 본다. 불트만은 이런 세계관이 신약성서의 구체적인 배경이라고 보았다.[10]

이런 신약의 신화론적인 사고는 독특한 것도 아니고, 오히려 그리스 시대의 모든 종교가 공유한 세계관이었다. 이런 세계관은 당시의 별 숭배, 신비 종교, 영지주의, 유대 묵시적 신화 등에서 공통적으로 나타난다. 그러므로 신약의 다양한 신화론적 주제의 기원은 당시의 유대 묵시의 신화론이나 영지주의의 구원 신화에서 쉽게 추적되어진다.

불트만은 신약의 신화적 세계관 자체는 전혀 기독교 특유의 것이 아니라 단순히 아직 자연 과학적 사유로 형성되지 않았던 옛 시대의 세계상에 불과하므로 무의미하며 세계상은 결의(決議) 같은 것에 의해 개인의 것으로 받아들여지는 것이 아니라 그의 역사적 상황과 함

만으로 하여금 국가 사회주의 이데올로기에 대항하는 신학자로서 굳게 설 수 있게 한 것은 아마도 변증법적 신학에 대한 확신이었을 것이다. 그는 하나님은 결코 역사의 사건, 제도 또는 철학 안에 계시되지 않았다고 주장했다. 하나님을 이 수준으로 축소하려는 어떤 시도라도 객관화의 덫에 빠진다. 하나님은 인간적 경험의 자료가 아니라, 십자가의 말씀을 통해서만 계시된다. 그의 신학에 대한 기초는 그로 하여금 신학을 어떤 인종의 이론이나 정치적 사이비 종교로 축소하려는 어떤 시도에도 항거할 수 있게 했다. 그것은 그에게 모든 세계관에 대한 은연중의 정치적인 비판을 제공했다. 그의 설교 『此岸과 彼岸』 중에서 사도행전 17:22-32의 내용으로 한 설교는 이런 그의 정치적인 신학적 저항을 보여주는 대표적인 글이다.

10 루돌프 불트만, "신약성서와 신화", 64.

께 인간에게 그때그때 이미 주어져 있는 것이기에 전혀 독특한 것이 아니었고, 그것은 단지 전-과학적인 우주관일 뿐이라고 단정한다.[11] 그렇다면 불트만은 자신의 신약 해석 방법으로서의 '비신화화'를 어떻게 정의를 내렸는가에 대한 물음을 그는 다음과 같이 밝히고 있다.

신화적 표상을 뒤에 들어 있는 더 깊은 의의를 다시 발굴하기 위해 노력하는 신약성서의 해석 방법을 나는—확실히 만족할 수만은 없는 표현이지만—비신화화(entmythologisieren)라고 부른다.[12] 그 목표는 신화적 진술들의 삭제(削除)가 아니라 그것들의 해석이다. 그러므로 그것은 해석의 방법이다.[13]

불트만에 의하면 신화적 진술은 다음과 같다.

신화들은 인간이 세계와 그 생의 주인이 아니라는 것과 인간이 살고 있는 세계에는 수수께끼와 신비들로 가득 차 있다는 것, 인간의 삶도 수수께끼들과 신비로운 일들로 채워져 있다는 통찰의 명시적 표현이다.[14]

---

11 루돌프 불트만, "신약성서와 신화", 66.
12 폴 틸리히(Paul Tillich)는 실존에 맞서서 결단하는 가능성에 우리를 마주 세우기 위하여 하나님이 예수 안에서 행위 했다는 불트만의 주장도 결국은 신화적인 표현이라고 비판하며 불트만이 사용한 비신화화라는 표현보다는 '탈문자화'(脫文字化)를 해야 한다고 주장한다. 참고. 폴 틸리히, 『19-20세기 프로테스탄트 사상사』, 송기득 역 (천안: 한국신학연구소, 1998), 278-280.
13 루돌프 불트만, "예수 그리스도와 신화", 220.
14 루돌프 불트만, "예수 그리스도와 신화", 221.

그러므로 다음과 같이 신화의 성격을 말하고 있다.

> 신화는 인간 실존에 관한 특정한 이해의 표현이다. 신화는 세상의 삶의 근거와 한계가 우리가 계산하거나 조정할 수 있는 모든 것 너머에 있는 세력으로 믿으며, 피안적인 것들을 차안적인 것으로 객관화[한다].[15]

불트만은 이런 신화적 표상들이 성서에도 동일하게 들어 있다고 생각한다. 그러므로 불트만은 성서도 성서로서의 의미를 드러내기 위해서는 '비신화화' 해석에서 예외일 수가 없다고 말한다. 왜냐하면, 다음과 같이 보고 있기 때문이다.

> 예수의 설교와 신약성서에 일반적으로 전제되어 있는 세계 이해가 신화적이다.[16]

이런 이해가 "오늘의 학문은 자연의 움직임이 초자연적 세력들에 의해 중지, 또는 규제당할 수 있다고는 생각지 않는"[17] 시대를 사는 현대인들에게는 성서는 낯설다고 보는 것이다.

그러나 이런 시각을 불식시키기 위해 성서 해석에 비신화화의 방법을 적용하여 성서의 신화론적인 세계관을 현대인들의 구미에 맞게 과학적 세계관으로 바꾸거나, 혹은 현대인에게 맞게 합리적인 진술

---

15 루돌프 불트만, "신약성서와 신화", 221.
16 루돌프 불트만, "신약성서와 신화", 218.
17 루돌프 불트만, "신약성서와 신화", 218.

로 적당하게 고치는 것이 아니라는 것이다. 이것은 결코 불트만이 의도하는 것이 아니다. 이에 대해 그는 다음과 같이 단호하게 말한다.

> 이런 시도는 결코 내가 의도하는 바가 아니다. 비신화화의 목적은 전통적인 성서의 텍스트를 적당히 손질하여 기독교를 현대인들에게 보다 잘 받아들이게 하려는 것이 아니다.[18]

한편, 불트만이 비신화화를 신학적으로 시도한 이유는 이 비신화화를 통해 성서의 텍스트를 현재화시키기 위해서였다. 무책임한 비판가들은 불트만이 신화를 비신화한 줄로 알지만 그의 비신화화론은 성서의 텍스트에 현재하는 그리스도와 독자를 만나게 하는 "실존론적 해석" 방법인 것이다. 성서를 실존론적으로 해석하면 그리스도가 현재한다고 불트만은 보고 있는 것이다. 따라서 그는 다음과 같이 말한다.

> 비신화화의 과제 역시 하나님의 말을 부름으로서 분명하게 하려는 목표 외에 다른 것을 수행하지 않는다. 그것은 성서를 해석하며 신화의 사상의 더 깊은 의미를 들으며 하나님의 말을 지나간 세계상으로부터 풀어 놓는 것이다.[19]

---

[18] Rudolf Bultmann, *The case for demythelogizing*, in Kerygma and Myth, vol. 2, (London: S.P.C.K, 1964), 182-183.
[19] 루돌프 불트만, "예수그리스도와 신화", 235.

성서를 기록했던 그들은 예수를 실존적으로 만났기에 계시의 책인 성서를 기록할 수 있었다. 성서는 지나간 시대의 단순한 책이 아니라 그리스도를 현재화 할 수 있는 유일한 근거로서의 성서(Text)라고 보는 입장을 불트만은 포기한 적이 없다.

불트만은 역사 비평학적 방법을 통해서 성서를 텍스트(Text)로 보고 있지만 이 성서의 텍스트를 덮고 있는 신화적 표현 양식들을 비신화화 작업을 통해 실존론적으로 해석을 하면 그리스도가 현재화 할 수 있고, 우리는 현재화된 그리스도를 성서에서 살아 있게 만날 수 있다. 이때 비로소 인간은 결단을 요구하는 예수 그리스도를 마주하게 된다는 것이다.

2) 성서(Text)의 비신화화의 정당성

불트만은 이런 자신의 비신화화 해석을 통해 신약성서가 본래의 의미를 전달할 수 있다고 보았다. 그리고 이런 해석의 방법을 통하지 않고 맹목적 믿음을 주장하는 것은 신학적이지도, 신앙적이지도 않다고 한다.[20] 그 이유는 옛 세계상을 단순한 결의로 재현시키는 것은 불가능하고 우리의 모든 사유가 과학에 이해 불가항력적으로 형성된 지금, 신화적 세계상을 재현시키는 일은 더욱 불가능하기 때문이다.[21]

---

20 루돌프 불트만, "신약성서와 신화", 66.
21 루돌프 불트만, "신약성서와 신화", 66.

이처럼 성서를 해석하고 오늘에 살아 있게 하지 않으면 2000년 전에 기록된 문자에 갇혀서는 오늘 우리시대에 성서는 살아 있게 말을 걸어 올 수 없다고 보았던 것이다. 따라서 그는 신약성서의 세계상에 대한 비판의 불가피성을 다음과 같이 말한다.

> 신약성서의 신화적 표상을 맹목적으로 받아들이는 것은 일종의 방종이다. 이런 요구를 신앙의 요구라고 주장한다면 이것은 강제된 지성의 희생(*sacrificium itellectus*)이며, 이렇게 지성이 희생을 당하는 자는 분열되고 오히려 불성실해진다. 그는 일상생활에서 부인되는 세계상을, 신앙과 종교를 위해서는 긍정해야 하기 때문이다. 그러므로 우리의 역사를 통해 우리에게 전승된 현대적 사유는 신약성서의 세계상에 대한 비판을 불가피하게 한다.[22]

위의 글에서와 같이 신약성서의 신화적 표상을 맹목적으로 받아들이는 것은 일종의 방종으로써 올바른 신앙적 자세가 아니다. 무엇보다 성서라고 해서 비판의 대상에서 제외될 수 없다고 본다. 현대의 과학적, 합리적 세계관을 가진 현대인들의 비판 앞에 성서의 본래의 의미를 전달해서 성서의 진정한 요구 앞에 현대인들을 세우려는 것이고 결국 성서의 요청 앞에 자기 변명을 할 수 없도록 하기 위해서 불트만은 비신화화 해석을 가하면서 그 이유를 다음과 같이 말한다.

---

[22] Rudolf Bultmann, *New Testament and Mythology and Other Basic Writings*, trans. Schubert M. Ogden (Philadelphia: Fortress Press, 1984), 3-4.

신약성서의 선포가 그 타당성을 계속 유지하려면 비신화화하는 길 밖에 없다.[23]

따라서 불트만은 다음과 같이 말하며 자기 시대의 사람들에게 성서를 성서답게 매개하는 과제가 신학의 최우선으로 보았다.

> 오직 현대인이 상황 안에서 필연적으로 자라난 신약성서에 대한 비판만이 신학적으로 중요한 것이다.[24]

이런 불트만의 비신화화론의 목적에는 동의할 수 있다고 할지라도 그럼에도 과연 성서를 비신화화하는 것이 정당한가에 대한 문제가 제기되어 왔다.[25]
이에 대해 불트만은 비신화화론은 정당한 것이라고 주장한다. 왜냐하면, 비신화화론의 과정은 바울에서 부분적으로, 요한에게서는 근본적으로 이미 신약에서 시작되었기 때문이다.[26] 따라서 그는 다음과 같이 분명하게 주장한다.

---

23 루돌프 불트만, "신약성서와 신화", 72.
24 루돌프 불트만, "신약성서와 신화", 69.
25 불트만의 성서의 비신화화 해석은 불트만 당시(1941년) 심한 논쟁이 되었다. 제2차 세계 대전이 한창인 때에도 그것은 고백교회 내에서 불트만의 동료들 사이에 보수적인 학자들에게 반발을 일으켰다. 1942년에 베를린의 목회자 대회는 이단적이라고 낙인을 찍는 말로 그의 논문인 "신약성서와 신화"를 비난했다. 그러나 모두가 그런 것은 아니었다. 이때 본회퍼는 베를린 목회자 대회의 성명서는 고백교회에 불명예스러운 것이라고 선언했다. 그리고 본회퍼는 불트만의 지성적 정직성과 그의 저작이 가져온 신학계의 기류 변화에 대해 우호적으로 말했다(참고. D. 퍼거슨, 『불트만』, 183-184).
26 루돌프 불트만, "예수 그리스도와 신화", 229.

> 비신화화가 신약성서 자체에서 발단되었기 때문에 오늘날 비신화화
> 해야 하는 우리의 과제는 정당한 것이다.[27]

불트만은 비신화화가 그리스도 소식의 합리화이며, 비신화화가 이성적인 인간의 사유의 결과로 그리스도의 소식을 해소시키며 하나님의 비밀이 비신화화에 의해 파괴된다는 말은 비신화화를 오해한 것이라고 하면서 다음과 같이 말한다.

> 비신화화야말로 하나님의 신비의 참된 의의를 분명하게 해준다. 하
> 나님의 초월성은 이론적 사상의 차원에 있지 않고, 오히려 인격적
> 실존의 차원에 있다. 신앙이 관심을 가지는 신비는 하나님 자신이
> 무엇인가에 있지 않고 그가 어떻게 인간을 대하는가에 있다.[28]

바울은 비록 여전히 우주적 드라마와 하늘에서 구름을 타고 오실 그리스도의 파루시아를 기대했었지만, 결정적인 사건은 이미 그리스도의 부활에서 일어났다는 것을 깨달았다. 바울 서신의 초기 서신에 비해 후기로 가면서 묵시 문학적인 성격이 더욱 약화된다. 즉, 바울은 묵시록적인 세계관에 따라 복음의 핵심을 해석하지 않았다. 예수의 말씀, 선포, 복음과 율법, 심판과 종말 등을 이미 실존적인 해석을 했다. 반면, 요한에 대해서 불트만은 다음과 같이 말한다.

---

27 루돌프 불트만, "예수 그리스도와 신화", 230.
28 루돌프 불트만, "예수 그리스도와 신화", 235.

요한은 바울보다 더욱 철저한 방식으로 종말론을 비신화화했다. 요한에게는 예수가 왔다가 떠난 것이 곧 하나의 사건으로서 종말론적 사건이다. 예수의 부활과 오순절, 그리고 예수의 파루시아는 하나의 같은 사건이라고 믿었고, 이것을 믿는 사람은 심판을 받지 않는다. 그러나 믿지 않는 자는 이미 심판을 받은 것이다(참고. 요 3:18).[29]

요한에게는 우주론적인 가르침이 없다. 왜냐하면, 인간은 자신의 세계 이질성을 인지하기 위해 세계 성립과 영혼들의 운명에 관한 설명을 필요로 하는 것이 아니라 세계로부터 자신에게로 돌아오라고 부르는, 그에게 만나지는 계시의 말에 직면한, 자기 자신에 대한 반성만을 필요로 하기 때문이다.[30]

그러므로 불트만은 요한의 문서에서 구원은 오히려 인간이 계시에 대해 신뢰적으로 경청하며 세계로부터 빛에로 눈을 돌릴 때 인간의 현재적인 실존에서 일어나며 여기에서 종말론은 현재적인 실존 수행에 옮겨지면서 철저히 비신화화 되었다.

다시 말해 영지주의의 우주적인 드라마로서가 아니라 역사적인 존재로서 본다는 것이다.[31] 즉, 요한도 묵시 문학적인 세계관이나 구조로 복음을 이해하지 않았다. 그렇기 때문에 불트만의 비신화화로의 프로그램은 바울과 '오직 신앙'이라는 루터의 의인론과 완벽하게 궤를 같이 한다는 김동건의 시각은 불트만의 비신화화를 올바로 이해

---

29 루돌프 불트만, "예수 그리스도와 신화", 230.
30 루돌프 불트만, "요한 문헌들과 영지주의", 『學問과 實存』 III, 허혁 역 (서울: 성광문화사, 1981), 37.
31 루돌프 불트만, "요한 문헌들과 영지주의", 37.

한 것이라고 볼 수 있다.[32] 따라서 불트만은 비신화화를 할 수밖에 없는 이유를 다음과 같이 말한다.

> 신약성서의 선포가 그 타당성을 계속 유지하려면 비신화화하는 길 밖에는 없다.[33]

불트만은 바울과 요한의 복음에 대한 강조, 은총에 대한 강조를 비신화화의 과정으로 이해한 것이다. 비신화화는 신약성서에서 이미 시작되었고, 그 핵심은 바울의 '오직 은총'에 대한 강조로 다시 신학화가 되었다고 보았다. 즉, 불트만은 그의 비신화화 해석은 자신에 의해 시도되기는 했지만 비신화화는 이미 성서 자체가 시도한 것이라는 사실을 밝힌 것이다. 그러므로 비신화화는 성서적으로도 정당하다는 것이다.

3) 성서(Text)의 비신화화 방법

불트만은 비신화화의 의미를 다음과 같이 말한다.

> 신화의 본뜻은 객관적인 세계상을 제공하는데 있지 않고 오히려 세계에서 인간이 자신을 어떻게 이해하는지를 말하는 데 있다. 신화는

---

[32] 김동건, "불트만의 비신화화론과 구원의 의미", 115.
[33] 루돌프 불트만, "신약성서와 신화", 72. 불트만의 이런 비신화화 주장에 많은 신학자가 비평을 가했다. 대표적으로 I. Henderson, H. W. Owen, L. Malevez, G. Miegg, J. Macquarrie, D. Cairns, S. M. Ogden 등이 있다.

우주론적인 것이 아니고 인간학적으로—다시 말해, 실존적으로—해석되어야 한다.³⁴

또한, 다음과 같이 말한다.

신화 자체는 객관화되는 신화의 구상적(具象的) 표현을 비판하도록 하는 동기를 이미 내포하고 있다. 그러므로 신약성서의 신화도 객관화되는 표상 내용으로서 검토될 것이 아니라 이 표상에서 표현되는 실존 이해가 검토되어야 한다. 중요한 것은 그 실존 이해가 참된 것이냐 아니냐의 물음이다. 이 실존 이해의 진리를 긍정하는 신앙은 신약성서의 표상세계(表象世界)에 매어 있지 않다.³⁵

신약성서의 신화적 표상들은 단순히 제거함으로써 성서(Text)에 현재하는 그리스도를 만날 수 있는 것이 아니다. 신화는 신화가 간직하고 있는 신학적 진리를 드러내기 위해서는 해석을 필요로 한다. 신약성서의 선포는 그 안에서 하나님이 모호한 황홀경의 차원에서 파악되는 것이 아니라 오히려 인격적으로 파악되는 인간 실존에 대한 새로운 이해를 제시하고 있다. 이 선포가 실존적으로 해석되었을 때, 그것의 참된 특성, 즉 그리스도와의 마주침이 드러나게 된다.³⁶

---

34 루돌프 불트만, "신약성서와 신화", 72.
35 루돌프 불트만, "신약성서와 신화", 73.
36 진성용은 퍼거슨의 책 역자 서문에서 "불트만의 비신화화가 자유주의 신학의 합리주의 영향을 과도하게 받은 결과이며 이것은 성서의 특이성을 깨우치지 못한 불트만 신학의 영적 한계의 파생물이다"고 비판한다(데이비드 퍼거슨, 『불트만』, 9). 그러나 불트만은 자신의 신학은 자유주의로부터 학문적 정직성을 물려받았다고 말하면서 동시에 계시의 초월성을 확고하게 붙잡는다. 다만 계시를

기독교의 신앙을 특정한 세계관을 지적(知的)으로 수용하는 것과 결합시키는 것은 기독교의 독특성을 훼손하는 것일 뿐이다. 이것이야말로 거짓된 안정성을 추구하는 비기독교적인 가르침인 것이다. 성서의 비신화화는 올바른 실존 이해를 통해 성서가 제공하는 말을 듣게 하려함인데, 불트만은 성서 자체가 실존론적으로 해석되기를 기다리는 책이며 성서 자체가 원칙적으로 이 물음을 제기하고 있다고 밝힌다. 따라서 인간 실존이 성서에서 어떻게 이해되는가에 대해 그는 다음과 같이 말한다.

> 교회의 설교와 전통은 우리가 성서에서 우리 실존에 관한 전권위임적인 말을 들을 수 있다고 한다. 성서가 다른 문헌들과 다른 점은 성서에서는 나에게 특정한 실존 가능성이 제시된다는 데 있다. 그것은 내가 마음대로 선택하거나 거부할 수 있는 것이 아니다. 성서는 오히려 인격적으로 나를 향한 말이며 실존 일반에 관해 가르칠 뿐 아니라 나에게 현실적인 실존을 제공하는 말이다.[37]

불트만은 해석학의 원칙과 역사관을 신약성서를 해석하는데 그대로 적용한다. 왜냐하면, 우리는 성서를 계시의 말씀이라고 하지만 신약성서는 오늘날과 2000년의 시간적인 간격이 있다. 그렇기 때문에 반드시 해석을 통하여서만 그 뜻을 밝힐 수 있다고 하며 다음과 같이 보기 때문이다.

영적 차원의 사건으로 말하는 것에는 동의하지 않는다. 루돌프 불트만, 『新約聖書神學』, 431-433.
[37] 루돌프 불트만, "예수 그리스도와 신화", 241.

성서적 문헌의 해석도 다른 일반 문헌(text)의 경우보다 다른 이해의 조건에 지배되지 않는다.[38]

그렇다면 불트만의 해석학의 두 원칙인 '전이해'와 '삶의 연관'이 성서와 하나님 이해에 어떻게 적용되는지를 살펴보아야 할 것이다. 불트만은 다음과 같이 말한다.

인간은 하나님에 대해 사전에 어떤 지식과 하나님과의 어떤 연관을 가지고 있다.[39]

또한, 다음과 같이 말한다.

인간은 하나님을 찾는 가운데 어떤 연관을 가지고 있고, 의식적이든 무의식적이든 인간의 삶은 하나님을 향한 추구에 의해 움직여진다. 왜냐하면, 이것은 항상 의식적이든 무의식적이든 인간 자신의 실존에 관한 질문에 의해 움직여지기 때문이다. 하나님에 대한 질문과 나 자신에 대한 질문은 동일하다.[40]

그러므로 우리가 성서를 해석할 때 질문을 적절히 던지는 방법은 다음과 같다.

---

38 루돌프 불트만, "해석학의 문제", 302.
39 루돌프 불트만, "해석학의 문제", 300.
40 Rudolf Bultmann, *Glauben und Verstehen*, 53.

> 인간의 실존이 성서에서 어떻게 이해되고 있는가?[41]

그리고 불트만은 현대 시대에 적절한 용어와 세계관으로 성서의 해석을 원하는 것도 아니다. 이 점에 있어서 그는 다음과 같이 밝히고 있다.

> 지나간 비판 연구 시대(자유주의 신학)가 신약성서의 신화를 단순히 비판적으로 제거했다고 할 수 있다면, 오늘의 과제는 신약성서의 신화를 비판적으로 해석하는 일일 것이다. 이것은 물론 비판적으로 제거되어야 할 신화들이 전혀 있을 수 없다는 주장은 아니다. 제거해야 할 경우라면 그 기준을 현대 세계관에서 찾을 것이 아니라 신약성서 자체의 실존 이해에서 끌어내야 할 것이다.[42]

위의 논리에 따라 불트만은 성서에 대한 바른 질문은 '인간 실존에 대한 질문'이라고 생각한다. '바른 질문'이 인간 실존에 대한 가능성과 연관되어있기 때문에 불트만은 이제 이런 이해를 잘 표현할 수 있는 적절한 개념들을 찾는 것이 필요하다고 보았다.

이런 적절한 개념을 찾는 작업이 바로 철학이 할 역할이라고 규정하며 이를 위한 가장 적절한 철학은 실존주의 철학이라고 생각했다. 왜냐하면, 실존주의 철학은 인간 실존을 이해하기 위한 가장 알맞은 관점과 개념을 제공할 뿐 아니라, 실존주의 철학 학파에서는 인간의

41　Rudolf Bultmann, *Glauben und Verstehen*, 53.
42　루돌프 불트만, "신약성서와 신화", 74.

실존 자체가 직접적인 연구의 초점이 되기 때문이다.[43]

불트만은 실존주의 철학의 인간 이해와 신약성서의 인간 실존의 이해가 거의 동일하다고 인정한다.

> 철학자들과 신약성서는 모두 인간은 그가 이미 있는 그대로의 인간이 되는 수 밖에 없다는 것에는 의견이 일치하고 있다.[44]

그러나 불트만에 따르면 실존주의 철학과 신약성서 사이에는 결정적인 차이가 하나 있다. 그것은 인간의 타락의 문제에 대한 이해의 차이이다.[45] 이 사실에 대해 불트만은 다음과 같이 말하고 있다.

> 철학자들도 이 타락성의 사실을 긍정하고 있다. 그러나 그들은 인간에게 필요한 것이란 인간의 이런 타락 상태를 보여주는 것이며, 그러므로 인간은 그 타락성으로 부터 벗어날 수 있으리라고 믿는다. 다시 말하면, 타락성에 의한 부패가 아직 인간의 핵심에까지는 미치고 있지 않다는 것이다. 그와는 반대로, 신약성서는 인간이 전적으로 타락한 존재로 보고 있다.[46]

그러므로 실존주의 철학은 인간은 자기 스스로 진정한 삶을 찾을 수 있다고 하면서 다음과 같이 주장한다.

---

43 김동건, "불트만의 비신화화론과 구원의 의미", 121.
44 루돌프 불트만, 『성서의 실존론적 이해』, 유동식 역 (서울: 대한기독교서회, 1997), 42.
45 루돌프 불트만, 『성서의 실존론적 이해』, 35-50.
46 루돌프 불트만, 『성서의 실존론적 이해』, 43-44.

> 인간에게 필요한 것은 자기의 진정한 본성에 관한 지식을 가지는 것
> 이다. 이 진정한 본성은 인간이 결코 실현하지 못하는 것이지만 그
> 러나 또한 매 순간 실현할 수 있는 그것이다. 즉 마땅히 실현해야 되
> 기 때문에 실현할 수 있는 것이다.**47**

그러나 불트만은 인간은 스스로 구원을 이룰 수 없다고 믿으며, 실존주의 철학자들의 주장을 반박하면서 그 이유를 다음과 같이 말한다.

> 실존주의 철학자들은 '논리적 가능성'과 '실제적 가능성'을 혼동하고
> 있다. 왜냐하면, 신약성서가 생각하는 것처럼 인간은 그 실제적 가능
> 성을 상실했기 때문이다. 그리고 그 진정한 인간성에 대한 지식까지
> 도 이것을 자기의 의지로써 좌우할 수 있는 하나의 소유물인양 잘못
> 생각하고 있기 때문이다.
> 그러면 왜 인간의 타락성은 이 실제적인 가능성을 파괴했던가?
> 그 대답은 이러하다. 즉, 현 상태에 있어서 인간의 모든 행동은 결국
> 타락한 인간의 행동에 불과하기 때문이다.**48**

위의 글에서 불트만은 실존주의 철학자들은 '논리적 가능성'과 '실제적 가능성'을 혼동하고 있는데, 인간은 실제적 가능성을 상실했기 때문에 인간의 모든 행동이 타락한 행동에 불과하다고 보았다.

---

47 루돌프 불트만, 『성서의 실존론적 이해』, 44.
48 루돌프 불트만, 『성서의 실존론적 이해』, 44.

따라서 그는 다음과 같이 주장한다.

> 인간에게 고상한 것은 하나님의 눈에는 혐오스러운 것이다.[49]

이처럼 불트만은 성서의 비신화화의 방법을 철학과 연관해서 실존론적 해석 방법론을 취하지만 성서의 인간 이해와 철학의 인간 이해가 결정적인 차이가 있다는 것을 밝혔다. 그러므로 성서의 비신화화의 방법은 실존론적으로 취했지만 철학자들의 의도와는 전혀 다른 결과를 드러낸 것이다.

4) 성서(Text)의 비신화화 결과

불트만의 비신화화의 결과는 그의 목적과 같은 의미이다. 즉 신약성서가 기록될 당시의 신화적인 세계관이라는 잘못된 걸림돌을 제거하고, 참된 걸림돌을 드러나게 하여 현대인들에게 성서의 말을 마주치게 하고자 함이다.[50]

참된 걸림돌이란 성서(Text)에 현재하는 하나님의 말씀으로써 그리스도인 것이다. 불트만은 그의 실존론적 성서 해석을 통해 현대인들도 결코 성서에 현재하는 그리스도의 부름 앞에, 결단을 요청하는 선포 앞에서 비켜갈 수 없도록 만들기 위함이다.

---

49 루돌프 불트만, "예수", 292.
50 김동건, 『현대신학의 흐름: 계시와 응답』 제1권, 448.

수용하기 어려운 신화적 세계관으로 다시 돌아가는 것은 불가능하다는 것을 불트만은 밝혔다.[51] 성서의 말씀이 객관적인 지식으로 습득 가능한 것으로 누구나 선택, 거부할 수 있는 일반적인 문서로 치부할 수 없도록 또한 이끌었다. 과학적 우월감을 자랑하며 과거의 지나간 시대의 창작물로 성서를 외면할 수 없도록 만들었다. 하나님의 말씀으로 그대로 노출시키려 한 것이다. 그래서 현대인들을 신앙으로 이끌려는 불트만의 시도인 것이 분명하다.

불트만은 이렇게 해석함으로서 성서에 현재하는 그리스도와 만날 수 있으며 이 만남을 통해서만 인간은 진정한 결단에 이를 수 있고 본래적 인간으로의 회복이 가능하다고 보았다. 결국, 그의 해석은 우리에게 결단으로 순종하라는 하나님의 '말'을 성서에서 듣게 하기 위한 방법이다.[52]

---

51 옥덴은 불트만의 비신화화해석으로서의 성서의 실존론적 해석을 지지하는 입장이지만 좀 더 현대적인 의미로 적극적인 해석학을 추구하려면 "탈이념화"(de-ideologizing)를 추구해야 한다고 주장한다(슈베르트 M. 옥덴, 『기독론의 초점』, 변선환 역 [서울: 대한기독교출판사, 1985], 92-94).

52 불트만의 비신화화에 대해 디트리히 본회퍼는 그가 쓴 옥중서간 1944년 5월 5일의 편지에서 언급하고 있다. 본회퍼는 불트만의 '비신화화'를 존중하고 있으나 그 결과에 대해서는 비판했다. "불트만은 많은 사람이 생각하는 것처럼 '지나치게 진보적'이 아니라는 것이네. 오히려 덜 진보적이지. 기적이나 승천 같은 '신화적' 개념에 한할 것이 아니라 '종교적' 재개념 자체가 문제를 가지고 있다네. 불트만도 말하고 있는 것처럼 우리는 신과 기적을 분리할 수 없지만 두 가지를 다 '비종교적'(nicht-religiös)으로 해석하고 선포하는 것이 가능하지 않으면 안 되네." 즉, 불트만은 기적, 승천 같은 신화적 개념들을 하나님으로부터 분리된 것으로 본 것이다. 그런 의미에서 본회퍼는 불트만을 자유주의 신학자로 단정한 것 같다(에버하르트 베트게 엮음, 『디트리히 본회퍼의 옥중서간』, 163).
본회퍼는 1944년 6월 8일의 편지에서 "나로서는 신화적 재개념을 포함해서 전 내용이 그대로 존속하지 않으면 안 된다고 생각하네. 그러나 이런 개념은 신앙의 조건으로서 (바울에게서의 '할례'가 구원의 조건이 아닌 것처럼) 종교를 전제로 하지 않는 방식으로 해석되지 않으면 안 된다고 나는 이해하네. 이렇게 함으로서 비로소 자유주의 신학(바르트도 부정적으로이기는 하지만 그것에 의해서 그러므로 불트만에 의하면 예수 그리스도는 성서(Text)에 현재한다고 하면서 다음과 같이 말한다.

> 성서를 하나님의 말로서 듣는다는 것은 반대로 케리그마로서, 선포로서, 나를 부르는 말로 듣는 것을 뜻한다.[53]

불트만은 신화적인 전 근대적 세계관을 비신화화함으로써 성서의 세계를 새롭게 보여주었다. 즉, 불트만은 세계관의 충돌을 제거함으로써 성서에 감춰진 복음의 의미를 우리 세대에 제시했다. 불트만은 자신이 살았던 20세기의 과학의 시대에도 여전히 변함없는 복음의 본질을 보여 주었다. 불트만이 시도한 비신화화는 상당히 성공적이었고,[54] 성서의 중심 사상들도 거의 손상되지 않았다.

규정되어 있다)이 극복되고, 그와 동시에 자유주의 신학의 문제가 현실성을 가지고 다루어지고 대답된다네"라며 불트만의 비신화화를 '비종교화'로 비판했다. 이런 본회퍼의 불트만 비판은 얼마나 타당한가를 묻는 것은 여러모로 어렵다. 옥중에서의 제한된 자료와 연구 시간 때문에 불트만 신학 전반을 비판한다는 것은 어려웠을 것이다. 또한, '비신화화' 논쟁이 본격적으로 신학계에 대두된 때는 본회퍼가 죽은 후에 비로소 이루어졌기 때문이다.

53 루돌프 불트만, "예수 그리스도와 신화", 251.
54 존 로빈슨(John A. T. Robinson)은 불트만의 비신화화가 학문적 정직성과 대담성을 가지고 성서의 진리를 깊이 있게 다루었다는 긍정적인 평가를 하고 있다. 극단적 보수주의자 말고는 이제 성서의 비신화화를 노골적으로 반대할 사람이 없을 것이라고 말하며 불트만에 대해 몇 가지 비평을 한다. "불트만에게는 '현대인'이 받아들일 수 '없는' 말, 이미 지난 세대의 과학적 독단론을 반영하는 따위의 말을 사용하는 경향이 있다. 따라서 그의 설명은 구식 현대주의(modernism)라는 느낌을 갖게 한다. 그리고 그가 '복음'의 역사의 꽤 많은 부분을 버려도 좋다고 생각하는 것은 순수한 신약성서 비평가의 입장에서 극단적으로 또 지나치게 전통을 의심하기 때문이다. 그의 역사적 회의는 필연적으로 그의 신화에 대한 비판에 포함되는 것이 아니다. 또한, 불트만은 신화적인 세계관 대신에 그가 실존주의라고 하는 특정한 철학에 주로 의존하고 있다는 것은 역사적으로 또 지리적으로 제약을 받고 있다는 사실을 의미한다. 그는 독일에 살고 있는 당대의

이런 불트만의 해석 방법이 우리에게 주는 교훈은 무엇인가?

우리는 21세기라는 보다 더 급격한 변화를 겪는 시대에 산다. 성서와 우리 시대는 도저히 메워지지 않는 괴리가 생길 수밖에 없다. 하지만 불트만은 성서 해석에 비신화화 방법을 사용하여 재해석했고 이 때문에 복음의 의미도 새롭게 재시 할 수 있는 가능성을 보여주었다.[55]

결국, 불트만이 시도한 성서의 비신화화는 우리에게 텍스트로 주어져 있는 성서를 어떻게 설교할 것인가에 대한 대답이다. 왜냐하면, 설교의 선포에 현재하는 그리스도를 만나게 하기 위한 신학적 작업의 결과가 성서의 비신화화였다.

불트만은 설교를 단순한 성경의 지식을 전달하는 것이 아니라 그리스도를 현재화함으로서 듣는 자들에게 자신의 삶의 종말을 고하고 그리스도를 현재적으로 만남으로 결단을 요청하는 것이었다. 그래서 불트만은 설교가 선포되는 것은 그리스도의 현재화이면서 동시에 종말론적 사건으로 이해한다.

사람들에게는 이 철학이 훌륭한 수단이라고 생각하고 있다. 그러나 우리도 그것만이 유일한 방법이라고 생각할 필요는 없는 것이다"(존 로빈슨, 『신에게 솔직히』, 현영학 역 [서울: 대한기독교서회, 2007], 41-45).

55 정재현, "인격성의 폭력과 탈신화화: 신정론적 발상에 대한 불트만 해석학의 처방을 시도하며", 173-207. 이 눈문에서 밝힌 것처럼 세월호 사건과 같은 일을 교회가 해석함에 있어서 여전히 신화적인 발상을 가지고 세상을 해석하는 그릇된 신정론에 대한 비판은 불트만의 비신화화를 현대에 잘 적용시킨 글이다. 신화적인 세계상에 빠져 "세월호를 하나님이 빠뜨렸다" 혹은 " … 지진을 하나님이 일으켰다"라고 강단에서 말하는 이유는 세상의 모든 일을 주관하는 분은 하나님이시라는 믿음을 전제하고 있지만 실은 하나님의 전능성에 깃든 신화적 신의 폭력성을 마치 정당한 것처럼 말하는 것이다. 불트만의 비신화화는 이런 주장을 배격한다.

인간은 스스로 결단할 수 없다. 무엇을 향한 결단인지 알 수 없다. 본래적 인간으로의 결단은 부름말로써, 그리스도가 현재화되는 선포를 들을 때만 진정한 결단에 이를 수 있다. 이런 이유로 불트만은 비신화화 작업을 통해, 즉 실존론적 성서 해석을 하므로 성서 텍스트(text)에서, 설교에서 인간을 향해 결단을 요청하는 예수 그리스도를 현재화하게 했다.

2. 설교에 현재하는 그리스도

불트만은 십자가에 달리시고 죽으시고 부활하신 그리스도가 지금 구체적으로 어디에 계시(啓示)되는가에 대한 답을 명확하게 다음과 같이 주장한다.

> 설교에 현재한다.

설교도 단순한 말일 뿐인데, 이것이 그리스도론적으로 실존론적인 해석을 통한 이해로 나아가면서 설교를 "그리스도의 현재화"로 보며 설교를 언설적(言說的) 행위를 넘어선 그리스도론적 입장으로 본다.[56]

불트만의 실존적 역사의 현재화와 성서의 비신화화를 위한 그의 역사 비평과 성서 비평 등 그의 신학 전반이 바로 선포로 모아지고 있다고 해도 과언이 아니다. 우리는 결단을 피할 수 없다. 성서를 통

---

56 루돌프 불트만, "일반적 진리들과 그리스도 선포", 85.

해, 역사를 통해 결단을 요청하는 역사적 예수와 만나며, 선포되는 설교를 통해 우리에게 압도해 오는 그리스도를 만나며 하나님의 말씀 앞에 언제나 노출되어 있다.[57] 그리스도가 자신의 통치를 수행하여 악령의 세력을 무력화 시키는 때는 현재이다.

그러면 무엇이 그렇게 만드는가?

그는 주(κύριος)로서 믿음을 요구하며, 이로써 신자들의 공동체 안에 자신의 나라를 세우는 선포 즉 설교 외에 다른 것으로는 세우려 하지 않는다.[58]

1) 그리스도는 성육신 사건으로서 설교에 현재한다

그리스도가 자신을 죽음에 내어 주어 사람들에게 생명을 마련해 준 것같이 사도에게도 죽음이 역사하므로 그의 설교를 듣는 사람들에게 생명이 역사할 수 있게 한다(고후 4:12). 그리스도의 사랑(롬 8:35)이 사도를 지배했다(고후 5:14). 그러므로 그는 그리스도를 본받을 것을 호소할 수 있었을 뿐만 아니라(빌 2:5; 롬 15:3; 고후 3:9), 청중들에

---

[57] 여기서 역사적 예수와 신앙의 그리스도를 첨예하게 분리하는 신학적 논쟁이나 연속성의 문제를 해명하는 것은 이 책의 의도를 벗어난 것이기에 다루지 않는다. 다만 여기에 대한 구체적인 이해를 원한다면 불트만 신학의 전반을 잘 다루고 있는 김동건의 논문과 저서를 참고 할 수 있겠다. 한편, 불트만 신학에 대해 부정적으로 바라보는 시각을 교정할 수 있는 글들로서 참고할 만하다(참고. 김동건, "불트만에 나타난 역사적 예수와 케리그마의 그리스도의 연속성", 「한국기독교신학논총」 64(1) [2009]: 75-96; 김동건, "불트만의 비신화화론과 구원의 의미", 109-136; 김동건, "역사적 예수의 탐구를 위한 불트만의 공관 복음서 이해", 「신학과 목회」 16 [2001]: 139-154).

[58] 루돌프 불트만, "세계교회협의회의 그리스도론적 신앙 고백", 『學問과 實存』 III, 허혁 역 (서울: 성광문화사, 1981), 188.

대해 그리스도를 대신하는 자(고후 5:20)로서도 너희는 나를 본받는 자들이 되라(고전 4:16; 비교. 갈 4:12; 빌 3:17, 4:9)고 권고할 수 있었으며 이런 권고의 근거를 불트만은 다음과 같이 설명하고 있다.

> 나도 그리스도를 본받은 것과 같이(고전 11:1; 살전1:6과 비교) 그러므로 선재자로서 예수의 성육신하심은 세계적 즉 실제로 역사적 차원을 가지고 있다. 그것은 기독교의 선포에서 해후된다.[59]

위와 같은 견해에 따라 오늘 우리도 선포의 사실을 감당할 수 있는 것은 그리스도의 성육신하심의 은총의 사건이 되는 것이다. 불트만은 그리스도의 부활이 현재하는 곳은 선포의 자리라고 한다. 그리스도의 부활의 진리는 부활한 자를 주(主)로 승인하는 신앙 없이는 통찰될 수 없다.

부활의 사실은 객관적으로 확인되는 역사 일반의 사건, 즉 믿을 수 있는 근거가 되는 사실(Faktum)로서 증명, 또는 설명될 수 있는 것이 아니다. 그러나 부활은—오직 이렇게만 믿어질 수 있다— 또는 부활한 자가 선포된 말에 현재하는 한 믿어질 수 있다는 것을 다음과 같이 밝히고 있다.

> 그리스도의 부활에 대한 신앙과 선포된 말에서 그리스도 자신, 아니 하나님 자신이 말한다(고후 5:20)는 것을 믿는 신앙은 같은 것이다. 그리스도는 위대한 역사적 인물이 그의 업적과 그의 역사적 영

---

59 루돌프 불트만, 『新約聖書神學』, 307.

향에서 현재하는 것과 같이 그렇게 케리그마에 현재하는 것이 아니다. 여기서 문제가 되는 것은 역사적 내부에서 수행되는 정신사적 영향이 아니라 오히려 한 역사적 인물과 그의 운명이 종말론적 사건의 지위에 올려졌다는 것이다. 이것을 선포하는 말 자체가 함께 이 사건에 속하고—이외의 다른 역사적 전승과 달리—인격적으로 부르는 말로 듣는 자를 상대한다. 그가 이것을 자신에게 한 말로, 자신에게 죽음을, 그리고 그것을 통하여 생명을 약속하는 말로 듣는다면 그는 부활한 자를 믿는 것이다.[60]

위의 글에서와 같이 그리스도의 부활에 대한 신앙과 선포된 말에서 하나님 자신이 말한다는 것을 믿는 것이 신앙이다. 그러므로 설교는 말씀이 육신이 되어 우리 가운데 영광으로 거하시는 그리스도의 현재화의 사건인 것이다.

2) 그리스도는 종말론적 구원의 설교로 현재한다

불트만은 설교가 선포되는 자리는 구원이 선포되는 자리라는 사실을 다음과 같이 말한다.

구원 사건의 선포가 본래의 신앙 요구에 선행하는 예비적 가르침이 아니라 그 자체가 믿으라는 그리고 지금까지의 자기 이해를 버리라는 호소 "너희는 하나님과 화목하라"(고후 5:20)라는 호소로 그것이

---

[60] 루돌프 불트만, 『新約聖書神學』, 308.

이해된다면 그것은 구원 사건이 어디서도 선포하고, 말을 걸고, 요구하고 약속하는 말에서 현재한다는 것 외에 다른 것일 수 없다는 것을 뜻한다.[61]

설교는 과거의 지나간 사실을 반복적으로 되뇌는 것이 아니다. 다시 말하면, 지나간 사건을 지시하는 보도를 밝히는 것이 아니다. 그것은 구원 사건이 그 말의 선포에서 계속 수행되는 것을 뜻한다. 불트만에게 있어서 설교는 인간의 미려한 언어적 표현이나 설교의 외형적 형식을 말하는 것을 논하지 않는다. 설교에서 일어나는 구원 사건이 과거의 사실이 되지 않고 항상 현재에서 새롭게 일어난다는 점에서 그것은 바로 종말론적 사건이다. 그것은 한 중요한 세계사적인 사실의 영향에서가 아니라 정신사의 발전에 무관한 선포에서 구원 사건은 현재한다.[62]

불트만에게 있어서 설교가 선포되고 있음은 종말론적이다.[63] 세상의 끝과 생명의 시작을 갈라 놓는 사건으로서의 계시이며 이 사건이 종말론적인 본래의 성격이 드러나려면 지금 여기에서 그때그때의 나의 현재에서 일어나는 사건으로 그것이 이해될 때에만 현재하는 그리스도로서의 계시인 것이다.

이 사건이 현재화되는 형태가 설교인데 이 설교는 과거의 무엇을, 혹은 그것의 회상을 전달하는 방법으로서 현재화하는 것이 아니고 말을 거는 설교이다. 한갓 과거의 것을 매개하는 전달에 불과하

61　루돌프 불트만, 『新約聖書神學』, 304.
62　루돌프 불트만, 『新約聖書神學』, 304.
63　루돌프 불트만, "예수", 257.

게 설교가 생각되고 이해되면 그만큼 구원의 사실도 어느 때 어느 곳에 있는 고립된 그리고 매개가 따로 필요한 사실로 생각될 때 이해될 것이다.

설교 자체가 구원의 사실에 속한 것같이 설교 없이는 구원의 사실도 본래의 모습을 드러내지 못한다. 듣는 자들도 설교, 즉 그것이 '역사적 예수'라 하는, 언제 어디서 한번 실연(實演)된 우주적 현상이든 설교 뒤로 물러설 수 없다. 오히려 그들을 위한 모든 결정적인 것도 그들의 현재에서 실현된다.

지금은 구원의 날이다!

> [지금 임하는 말] 설교에서 그리스도는 인간을 만나며 그는 생명자체, 즉 길이며 동시에 생명으로 현재한다.[64]

선포는 어떤 말들과 개념들로 하든지 예수 그리스도를 주(主)로서 선포하는 것이다. 중요한 것은 예수 그리스도가 선포된 말 자체에서 주(主)로서 현재한다는 것, 이 말이 말해 지는 곳에서 세계의 마지막이 듣는 자에게 현재한다는 것, 그러므로 그 말은 듣는 자를 결단 앞에, 즉 옛 세계에 속하려는가 아니면 새로운 세계에 속하려는가, 옛 사람으로 남으려는가 아니면 새로운 사람이 되려는가를 결정하는 결단 앞에 세운다는 것이다.[65]

---

[64] 루돌프 불트만, "신약성서의 계시개념", 『學問과 實存』 I, 허혁 역 (서울: 성광문화사, 1981), 32-33.
[65] 루돌프 불트만, "20세기의 순수한 선포와 세속화된 선포", 『學問과 實存』 III, 허혁 역 (서울: 성광문화사, 1981), 102.

불트만에게 있어서 선포의 순간은 언제나 종말론적인 사건으로서의 시간이다. 결정적인 사건은 일어났다. 죽은 자들이 하나님의 아들의 소리를 듣는 때는 바로 지금이다. 그리고 그 소리를 듣는 자는 죽음으로부터 생명으로 옮겨졌다.

그러나 생명은 이미 이루어진 상태로서, 이끌어들인 운명으로서 이해되거나, 언제나 파악된 나 자신의 가능성으로서만 실제적이라는 것을 잊으면 잘못 이해된 것이다. 다시 말하면, 그것은 지금 새로운 역사적 조건들에 의해, 즉 계몽주의, 30년 전쟁, 또는 어느 특정인의 영향 등에 의해 사는 것 같이 예수의 영향들에 의해 자명하게 살고 있는 것을 뜻하지 않는다.

그렇다면 예수의 옴은 종말론적 사실이 아닐 것이다. 생명은 누구에게나 자명한 것이 아니다. 오히려 그것은 항상 새롭게 선택되어야 한다. 그 때문에 "말이 육신이 되었다"라는 선포는 언제나 지금이며 선포의 순간이다.[66] 그러므로 선포, 즉 설교는 말씀이 육신이 되어 우리 가운데 거하시는 그리스도의 현존 사건인 것이다.

3) 그리스도는 보혜사(保惠師)로 설교에 현재한다

선포는 하나님과 그리스도로부터 보내 진 보혜사의 공동체가 감당한다.[67] 선포가 공동체에서 수행되고 있으며 그것이 책망이라면, 다시 말해 세상으로부터 불러내는 말이라면 그 선포는 세상에 적중시

---

66 루돌프 불트만, "요한복음서의 종말론", 『學問과 實存』 II, 허혁 역 (서울: 성광문화사, 1981), 255.
67 루돌프 불트만, 『요한福音書研究』 下, 허혁 역 (서울: 성광문화사, 1979), 681.

키는 것이다. 이 '말'과 선포의 도전적인 주장은 세상 안에 울려 퍼지며, 세상은 그 후 다시는 그전의 모습을 유지하지 못한다.

이 선포의 말의 주변에는 이미 순수한 유대교도, 순수한 이방 문화도 있을 수 없다. 이 역사에 의해 성격 지워지지 않는 것 같은 초역사적 인간 존재도 없다. 그리고 이 역사에 의해 결정적으로 성격 지워지지 않는 인간의 존재도 없다.

실상, 우연한 역사적 사건이 세상을 축복하거나 심판하는 종말론적인 사건이라는 데에 대해 세상은 반항한다. 이것이 바로 세상의 '거리낌'이다. 왜냐하면, 세상 안에서 일어나는 모든 것을 세상의 척도 아래에 예속시키고 그것들에 의해 심판할 것을 세상이 요구하기 때문이다. 세상은 선포의 말에 자신을 열 수도, 닫을 수도 있는 가능성을 가지고 있다.

인간은 자신을 얻을 수도, 잃을 수도 있다는 것을 알고 있기 때문에 범죄할 수 있다. 그리고 이것은 그의 책임에 속한다. 즉 그는 범죄할 수 있다. 그의 운명은 말에서 결정된다.[68]

> 예수는 왔다는 사실 때문에 지금 여기에 있다. 그러나 그의 현존(Da-Sein)의 완료인 이 현재는 불신앙에 의해 과거의 존재, 과거의 물존(物存, Vorhandensein)의 과거형으로 만들어진다. 그는 물존적(物存的)인 것으로 보여질 수 없다.[69]

---

68 루돌프 불트만, 『요한福音書硏究』 下, 624.
69 루돌프 불트만, "요한복음서의 종말론", 255.

그러므로 그의 등장은 사람들이 이 등장에 대해 어떤 '자세'를 취하기 위해 비평적으로 검토될 수 있는 것으로 이해될 수 없다. 그렇게 된다면 그것은 종말론적인 사건이 아니라 물존적인 것으로서, '세계'로도 이해된 것이다. 재구성된 '예수의 생애'는 곧 세계이다. 일반적으로 증명될 수 있는 사실로서 '예수'를 보면 예수는 세계로 만들어진다.

그러나 살아있는 예수, 즉 종말론적인 사실로서의 예수는 '세계'가 볼 수 없다(요 14:22). '세계'의 토론에서는 이 위기가 단지 '분열'(分裂)로만 반영된다(요 7:43, 9:16, 10:19).[70] 그러므로 사실로서 역사적 예수를 현재화하는 순수한 양식은 역사학적 회상과 재현이 아니라 '선포'(宣布, Verkündigung)이다. 선포에서도 예수는 동시에 이중적이다. 그는 다시 온다, 그리고 그는 언제나 다시 온다. 이렇게도 말할 수 있다. '나는 아버지에게 간구하리니, 그는 너희에게 '보혜사'(παράκλητος)[71]를 보낼 것'이다(참고. 요 14:16).

예수의 계시를 공동체와 세상에서 계승한 '돕는 자'(Paraklet)는 공동체에서 설교되는 말이다. 계시가 말(言)이라는 것, 말하자면 그가

---

[70] 루돌프 불트만, "요한복음서의 종말론", 256.
[71] 불트만은 "보혜사"(παράκλητος)라는 칭호를 말하자면 '돌보는 자', '돕는 자'의 의미에서 영지주의로부터 나왔을 수 있다고 본다. 원래 수동적으로 생각된 파라클(παράκλ)은 라틴 교부들에 의해 advocatus로 번역되었는데, 후에는 능동적 의미를 가지게 되었다. παράκλ은 '위로하는 자'(παράκαλῶν)로 받아들였을 수도, παράκλ을 능동적인 '변호인'(συνήγορς)과 동일시한 용법을 통해 이 의미를 얻었을 수도 있다. παράκλ가 (라틴어의 advacatus처럼) 법정의 변호인을 위한 전용어로 되지는 않았을지라도 그 개념은 역시 우선은 법정 영역에 의해 규정된 것이다. 다시 말해서 παράκλ는 재판관들 앞에서 피고를 위해 변호하는 자와 대변인, 돕는 자를 뜻한다. 하나님 앞에서의 인간의 상황이 재판장 앞에서 져야할 책임성으로서 파악된 때 παράκλ는 하나님 앞에서의 대변인, 중재자로 불려진다(참고. 루돌프 불트만, 『요한福音書研究』下, 624-631).

말한 말 외에 다른 것을 의미하지 않는다. 이 말은 단번에 자신의 것을 만들 수 있는 의미의 내용을 전달하는 말이 아니다. 오히려 세상의 상황에 개입하는 말로서 듣는 자를 세상으로부터 불러 내는 말이다. 이 사실을 불트만은 다음과 같이 말한다.

> 예수는 오로지 말로서만 계시자였으며, 오로지 말로서만 계시자이며, 오로지 말로서만 계속 계시자일 것이다. 왜냐하면, 그를 대행하는 보혜사가 곧 말이기 때문이다.[72]

그러나 이 말은 완결된 교리나 교리들의 종합이 아닌만큼 예수의 생애에 관한 역사적 보도도 아니다. 이 말은 생동하는 말, 다시 말하면 역설적으로 공동체 자체에 의해 말해지는 말이다. 왜냐하면, 보혜사는 공동체 안에서 작용하는 영이기 때문이다.[73] '돕는 자' 즉 보혜사의 약속은 예수 자신이 공동체의 말 선포에서 계속된다는 약속과 다른 것이 아니다. 그의 '증언'은 공동체의 '증언'의 권위를 뜻한다. 그러므로 예수 자신은 '그의 말-선포'에서 현재한다.[74]

불트만은 '보혜사'를 개인에다 한정시키지 않고 공동체에 작용하는 영으로서의 보혜사를 말한다. 이 영은 마법적인 힘이 아니다. 폭력적인 생리적 또는 심리적 체험들로 증명되는 것도 아니라고 하며 이 영은 오히려 공동체에서 일어나는 말의 선포의 힘이라고 한다.[75]

---

[72] 루돌프 불트만, 『요한福音書硏究』下, 618.
[73] 루돌프 불트만, 『요한福音書硏究』下, 618.
[74] 루돌프 불트만, "요한복음서의 종말론", 256.
[75] 루돌프 불트만, 『요한福音書硏究』下, 681.

그런 까닭에 공동체를 항상 새롭게 만나는 계시의 말은 공동체 자체가 한 말이다.

공동체는 선포에 대한 책임을 져야 한다. 그리고 오로지 책임에 대한 참여에서만 공동체의 말의 능력을 계시의 말로서 경험한다.[76] 이런 '그의 말-선포'를 통하여 하나님은 십자가와 함께 화해의 직책, 화목의 말을 세웠다(참고. 고후 5:18 이하) 그러므로 불트만에게 있어서 설교는 이미 그 속에 성령론을 포함하고 있다. 불트만 자신은 잘 사용하지 않지만 그의 신학적 설교에는 삼위일체적 의미가 이미 담겨져 있다고 볼 수 있다.

4) 그리스도의 현재화로서의 설교는 그리스도론이다

불트만의 신학에서 현재하는 그리스도로서의 설교는 언젠가 일어난, 지나간 사건에 대한 설화적 보도도, 세계관적 문제들에 대한 가르침도 아니다. 오히려 그것에서 해후되는 자는 그리스도이며 하나님의 부르는 말 자체이다.

> 하나님이 우리를 통하여 너희를 권면하시는 것 같이 그리스도를 대신하여 간청하노니 너희는 하나님과 화목하라 (고후 5:20).

따라서 그는 선포에 대해 다음과 같이 말한다.

---

76 루돌프 불트만, 『요한福音書研究』下, 681.

> 선포는 토론의 대상이 될 수 있거나 발전될 수 있는, 또한 변형시킬 수 있는 종교적 세계관이 아니라 언제나 변하지 않는 유일한 선포의 말이다.[77]

그러므로 케리그마, 즉 '선포-부름말'은 특정한 이해를 함축하고 있다는 점에서 가르침이다. 케리그마는 물존적 세계 사실로서 받아들일 수 없는 사실에 관해 가르친다. 따라서 그 전달은 단순히 우연한, 부수적인 중개(仲介)가 아니라 구원 사실에 의해 권위를 얻는 설교로서 스스로 구원 사실에 속한다. 반대로 구원 사실도 설교 없이는 그 권위를 현실화시킬 수 없다고 본다는 점에서 그는 다음과 같이 말한다.

> 설교 배후를 통해 설교에서 분리될 수 있는 구원 사실에 이르는 일은 없다. 역사적 예수에도, 우주적 드라마에도 이를 수 없다. 예수 그리스도에 이르는 길은 오직 설교뿐이다. 설교가 들려오는 곳에 구원의 때가 침입한다. 즉, 설교가 들려지는 곳에 예수 그리스도가 현재하는 것이다.[78]

예수 그리스도 안에서 하나님이 용서한다는 은혜의 소식은 지나간 사건에 관한 보도가 아니다. 지금 하나님의 말로서 모든 사람을 직접 부르는, 예수 그리스도가 '말'로서 현재하는 교회의 개인을 만나

---

[77] 루돌프 불트만, "예수와 바울", 『學問과 實存』 III, 허혁 역 (서울: 성광문화사, 1981), 73-74.
[78] 루돌프 불트만, "신약성서의 교회와 가르침", 350.

기 때문이다. 개인은 지나간 역사적 사건들에 들어 있는 하나님의 은혜의 실증들을 관찰하며, 그것들로부터 하나님이 은혜로우며, 그러므로 자신을 위해서도 은혜로울 것이라는 결론을 내려서는 안 된다. 하나님의 은혜는 오히려 직접 선포되는 구원 사건으로서의 현재하는 그리스도의 말에서 그에게 직접 해후된다.[79]

하나님의 은혜는 순전히 용서 외에 다른 것이 아니다. 하나님의 용서와 은혜는 하나님이 예수 그리스도를 통해 세계에서 시작된 선포의 말 외에 다른 곳에서는 있을 수 없다. 이 말은 세계 안에 들어와서 새로운 빛을 제공하는 빛이다. 예수는 곧 '말'이다.[80]

그러면 '그리스도론은 무엇을 뜻하는가'라고 했을 때 그것은 실천적인 신앙심을 위한 대변도, 그리스도의 신성의 본질에 대한 사변이나 '가르침'도 아니라 "그리스도론은 선포이며 부르는 말"이다.[81]

그것은 우리의 의가 그리스도를 통해 마련되었다는, 그는 우리를 위해 십자가에 달리고 부활했다는 '가르침'이다(롬 3:24 이하, 4:25, 10:9; 고후 5:18 이하). 바로 이것이 선포되면서 듣는 자는 부름을 받으며, 자신이 스스로 얻은 모든 것과 함께 자신을 포기하고 그리스도의 십자가를 받아들이며 동시에 새로운 생명에, 그리스도의 부활에 참여하는 인의(認義)된 자로서 자신을 이해하려는가를 질문 받는다.

그런 선포는 자연인에게 있어서 우선 하나님의 '진노' 아래서 살고 있다는 것을 통찰하라는 회개의 호소이다. 그것은 듣는 자의 양심에

---

79 루돌프 불트만, "그리스도 신앙을 위한 구약성서의 의미", 『學問과 實存』 Ⅱ, 허혁 역 (서울: 성광문화사, 1981), 280.
80 루돌프 불트만, "그리스도 신앙을 위한 구약성서의 의미", 279.
81 루돌프 불트만, "신약성서의 그리스도론", 『學問과 實存』 Ⅱ, 허혁 역 (서울: 성광문화사, 1981), 299.

호소하는 것이다(고후 4:1-6). 그 때문에 동시에 생명을 설포(設布)하는 가능성과 함께 죽음을 설포하는 가능성을 가지고 있다(고후 2:14-16).[82] 이 선포에서 구원 사건은 듣는 자에게 현재가 된다. 이 현재에서 그리스도를 통해 하나님이 시작한 화해가 지금 듣는 자에게 현실이 된다.

> 그러므로 우리가 그리스도를 대신하여 사신이 되어 하나님이 우리를 통하여 너희를 권면하시는 것 같이 그리스도를 대신하여 간청하노니 너희는 하나님과 화목하라 … 이르시되 내가 은혜 베풀 때에 너에게 듣고 구원의 날에 너를 도왔다 하셨으니 보라 지금은 은혜 받을 만한 때요 보라 지금은 구원의 날이로다(고후 5:20, 6:2).

'가르침'은 선포이며 부르는 말이라는 점에서 구원 사건이 이론적인 해명으로도, 역사학적인 전달로서도 구원 사건과 병행하지 않는다. 그것은 오히려 사건 자체에 속한다. 그리스도는 말, 즉 선포에 현재한다.

5) 그리스도는 화해의 직분을 맡은 사도와 우리 가운데 설교로 현재한다

만일 구원 사건의 선포가 본래 신앙 요구에 선행하는 예비적 가르침이 아니라 그 자체가 믿으라는, 그리고 지금까지의 자기 이해를 버

---

82 루돌프 불트만, "신약성서의 그리스도론", 299.

리라는 호소, "너희는 하나님과 화목하라"(고후 5:20)라는 호소로 그것이 이해된다면 그것은 구원 사건이 어디서도 선포하고, 말을 걸고, 요구하고, 약속하는 말에서 현재한다는 것 외에 다른 것일 수 없다는 것을 뜻한다.

그것은 '회상적'이고 역사적인, 다시 말해 지나간 사건을 지시하는 보도를 밝히는 것이 아니다. 그것은 구원 사건이 그 말의 선포에서 계속 수행되는 것을 뜻한다. 구원 사건이 과거의 사실이 되지 않고 항상 현재에서 새로 일어난다는 점에서 바로 그것은 종말론적인 사건이다.

그것은 중요한 세계사적 사실의 영향에서가 아니라 정신사의 발전에 무관한 선포에서 현재한다. 즉, 하나님은 화해와 함께 곧 '화해의 직분', '화해의 말씀'을 세우므로(고후 5:18-19), 선포에서 그리스도 자신, 아니 하나님 자신을 만나게 하고 설교가 울려 퍼지는 '지금'이 종말적인 사건 자체의 '지금'이 되게 했다는 것이다.[83]

구원 사건이 어떻게 인간을 향한 것, 그에게 관계된 것, 그에게서 수행되는 것으로 이해될 수 있는가에 대해 그것은 듣는 자에게 말을 걸고 결단을 요구하는 선포, 즉 말에서 일어난다.[84] 그뿐만 아니라 그리스도는 말의 담지자인 사역자들에게서도 말로서 현재한다. 그러므로 불트만은 사도에게 그리스도, 즉 부활한 그리스도가 현재한다는 사실을 다음과 같이 말한다.

---

83 루돌프 불트만, 『新約聖書神學』, 304.
84 루돌프 불트만, 『新約聖書神學』, 305.

선포의 요구의 정당성에 대한 어떤 설문(設問)도 이미 그 선포에 대한 거부이다. 이 설문(設問)은 설문자가 자기 자신을 향해 제기해야할 물음, 즉 자신의 자기 이해에 결단의 문제를 제기하는 그리스도의 지배를 승인하려는 가는 물음으로 변해야 한다.

예수의 부활은 피안으로 옮아가는 것을 의미하지 않고 그가 아버지에게 반환할 때까지 소유하는(고전 15:24) 왕좌(나라)에 올라간 것(빌 2:11)을 의미하는데, 그러나 선포를 통해 지배권의 성격을 지니게 되는 현재에서 그러하다. 그의 명령에 의거하여 설교는 행해진다(롬 10:17). 사도들은 그의 사역자(διάκονοι)들이고 그의 종들(δοῦλοι)이며 노예들(ὑπηρέναι)이다. 그는 그들을 통하여 말을 하고(고후 5:20, 13:3), 그들을 통하여 역사한다(롬 15:18).

사도가 오면 그는 "그리스도의 충만한 축복 속에"(롬 15:29) 온다. 그리스도는 사도에게 바로 부활한 자로 현재한다. 바울이 예수의 죽음을 그의 몸에 지니고 돌아다니면서 동시에 그는 자신의 몸으로 예수의 삶을 나타낸다(고후 4:10 이하.). 그리스도는 그를 통해 청중들에게 그의 능력을 증명한다(고후 13:4). 즉 부활한 자 자신을 만나는 곳은 사도이다.[85]

불트만은 하나님의 계시는 예수의 고별로 완성되는 것이 아니고, 앞으로도 때에 따라 항상 새롭게 선사될 것이라고 한다. 즉, 미래의 계시는 예수의 일을 받아들이는 일이며 예수의 일에 대한 회상이다. 물론 역사적 재구성을 의미하는 것은 아니지만 그 역사에 의해 압도

---

[85] 루돌프 불트만, 『新約聖書神學』, 308-309.

해 오는 종말론적인 사건의 현재화로서 그렇다는 말이다. 공동체의 증언은 역사적 보도가 아니라 예수 자신의 증언을 새롭게 하는 증언이며, 그에 말과 마찬가지로 공동체의 증언에 의해 선포되는 그리스도의 구원의 십자가의 말을 듣는 자를 그때그때 종말론적 결단의 지금 앞에 세우는 증언이라고 한다.[86]

그리스도가 자신을 죽음에 내어 주어 사람들에게 생명을 마련해 준 것 같이 그리스도의 일꾼이며 동시에 사람들의 종이 되어 자신에게 좋게 하지 아니한 사도에게서도 죽음이 역사하므로 그의 설교를 듣는 자들에게서 생명이 역사할 수 있게 한다(고후 4:12). 그 이유는 그리스도의 사랑이 그를 지배했기 때문이다.[87] 그러므로 사도를 따르는 믿음의 공동체도 그리스도의 일꾼으로서 사람의 종이 되어 화해의 직무를 감당할 때 그리스도는 그들의 선포 속에도 함께 한다는 것이다.

그리스도의 십자가가 구원 사건으로서 알려지는 곳은 어디인가?

그것은 십자가에 달린 자에 대한 예비적 교시(敎示)에 근거를 둔 것이 아니다. 그가 그의 신적 성품에서 알려질 수 있은 후에 십자가의 의의가 믿어지는 것이 아니다. 이렇게 되면 사실 '십자가의 말'에서 '거리낌', '어리석음'의 성격이 탈취될 것이다.

이 성격은 한 십자가에 달린 자가 주로 선포되는 데서 보존된다. 그리고 이것이 사건으로 일어난다는 점에서만 그것은 구원 사건으로 알려진다. 그러나 이것이 뜻하는 것은 그런 인식이 오로지 승인으로

---

[86] 루돌프 불트만, 『요한福音書研究』 下, 694.
[87] 루돌프 불트만, 『新約聖書神學』, 307.

써만 수행된다는 것이다. 이것이 바로 하나님이 한 십자가에 달린 자를 주(主)로 삼았다는 것을 승인하려는가, 그의 지금까지의 자기 이해를 포기함으로 십자가를 받아들이고 그것이 그의 생을 규정하는 힘이 되게 하며 그리스도와 함께 자신을 십자가에 못 박겠는가(고전 1:18-31; 갈 6:14)라고 '십자가의 말'이 듣는 자 앞에 세우는 결단의 물음이다.[88]

그러나 이것이 사건으로 일어난다는 점에서 그리스도의 죽음이 '우주적' 사건이라는 것, 즉 그에 관해 이미 골고다에서 일어난 예수의 십자가형의 역사적 사건으로만 말해질 수 없다는 것이 드러난다. 다시 말하자면, 역사적으로 검증해서 누구나 감지할 수 있는 객관적인 사건으로 만나지는, 선포의 고유성을 무효화시켜서 듣는 자로 하여금 결단에서 자유롭게 만들어버리는 것으로서의 일을 거부하는 것이다.

인간에게 주어지는 하나님의 약속으로서의 자유란 종말론적인 사건으로서 세상에 종지부를 찍는 것과 같이 그것은 종말론적인 은사이다. 그러므로 이 자유는 과거로부터의 자유이며 동시에 자기 자신에게서의 인간의 자유인 것이다.[89]

십자가의 말을 맡은 우리는 세상이 거리끼는 화해의 말을 사건화시키는 자들이다. 하나님이 이 사건을 실제로 종말론적 사건으로 만들었다. 그러므로 이 사건은 모든 시간적 제약성에서 벗어나서 언제나 화해의 직무를 맡은 사도와 사역자들의 선포의 자리에서, 선포되

---

[88] 루돌프 불트만, 『新約聖書神學』, 306.
[89] 루돌프 불트만, 『요한福音書硏究』 下, 483.

는 말에서 언제나 그리스도와 함께 나를 십자가에 못 박을 것인가의 결단을 하게 한다.

이상에서 논의한 것처럼 설교는 인간의 언어적 훈련을 통해서 더 나은 설교가 만들어지는 것이 아니다. 그것은 궁극적으로 그리스도의 현재화라는 사건으로서 만나야 하는 것이다. 불트만은 현재화라는 말을 설교에 적용할 때 그 말은 과거, 현재, 미래라는 시간적 흐름의 과정 가운데 있는 시간상의 현재를 말하는 것이 아니고 그의 신학 전반에서 현재화는 결단을 요청하는 그리스도 앞에 서는 결정적인 지금이라는 의미이다. 그런 의미에서 현재화는 종말론적인 성격을 가지고 있다.[90]

그러므로 선포되는 설교를 통해서 그리스도의 현재화가 이루어지는데 바로 이 결정적인 때에 인간은 그리스도와 마주하게 되고 새로운 피조물로 변화되는 것이다. 이런 신학적 근거 하에 성서를 해석하므로 성서의 텍스트를 통하여서도 비본질적 인간이 본질적 인간으로 변화하는 것과 설교를 통해서 만나는 현재하는 그리스도를 통해서도 인간이 변화할 수 있다는 이 두 주장은 서로 연결되는 것이다.

성서 텍스트를 도외시한 현재하는 그리스도는 불트만에게서는 먼 것이라고 할 수 있다. 이것이 불트만이 설교에 대해 앞에서 주장하는 이유인 것이다. 그리고 그는 다음과 같이 말하고 있다.

우리를 변화시키는 그리스도의 현재화는 성례전에서도 수행된다.[91]

---

[90] 루돌프 불트만, 『역사와 종말론』, 191-193.
[91] 루돌프 불트만, 『新約聖書神學』, 306.

3. 성례전에 현재하는 그리스도

불트만은 기독교에 있어서 성례는 성서에서 나타난 두 가지만 성례로 보고 있다

첫째, 세례
둘째, 성찬

그의 어떤 저작물에서도 이 둘 외에는 성례로 주장하는 기록이 없다는 사실이 이것을 확정하고 있다. 우선 불트만이 밝히는 세례의 원형인 초대 교회 당시의 세례와 성찬의 상황을 먼저 살펴볼 필요가 있다. 그래야 하는 이유는 세례와 성찬 가운데 그리스도의 현재화는 어느 날 갑자기 후대에 생겨난 교리가 아니라 이미 초대 교회 시대부터 자리한 전통이며 사도들의 가르침이라는 사실을 알 수가 있기 때문이다.

1) 세례 성례

초대 교회는 자신을 바로 '공동체'로서, 더 정확히 '하나님의 공동체'로 표시함으로서 그 공동체에서 묵시 문학자들의 희망이 이루어졌음을 말한다. 그 구성원들은 이에 맞게 '선택된 자들'과 '거룩한 자들'이라는 종말론적 칭호를 지니게 되었다. 이런 의미에서 세례도 이해되어야 한다. 세례가 초대 교회에서 처음부터 가입 의식(加入儀

式)으로 실시되었음은 확실하다.[92]

세례는 회개에 결부된 도래하는 하나님의 통치를 위한 결례(潔禮), 즉 종말 공동체에 들어가는 의식이었다. 그런데 이것은 결례 목욕이었던 유대교의 개종 세례와 흡사한 것으로 이 세례를 받은 자는 이스라엘 공동체의 성원이 되었다.[93]

세례는 성례전(Sakrament), 즉 자연적인 수단을 통해서 초자연적인 힘들로 작용을 일으키게 하는 의식 행위라는 사실에서 불트만은 다음과 같이 말한다.

> 공동체의 제사에 현재하는 것은 '주 예수 그리스도'(κύριος Ἰησου Χριστός)이다. 개인은 세례를 통해 공동체에 들어오고 동시에 '주'와 관계를 가진다. 세례가 공동체의 가입과 구원에의 참여를 위해 피할 수 없는 조건이었음은 자명하다.[94]

위의 글에서와 같이 세례는 교회 공동체에 가입함과 구원에의 참여를 위한 조건이었을 뿐만 아니라 그리스도의 죽음과 부활에 참여하는 예식이다. 세례는 "죄들의 용서를 위해"(행 2:38) 베풀어지며, 또한 "옛 죄들이 깨끗하게 됨"(벧후 1:9)을 위함이다. 이런 정결을 위한 세례는 '주의 이름'을 부르는 일과 결합되어 있다. 주의 이름을 부르는 의미는 우선 수세자(受洗者)를 '주'(主)의 소유로 정해 놓고 그의

---

92 루돌프 불트만, 『新約聖書神學』, 35-36.
93 루돌프 불트만, 『新約聖書神學』, 36.
94 루돌프 불트만, 『新約聖書神學』, 132.

수호 아래 두는 것임이 분명하다.[95]

과거의 죄들의 제거라는 소극적 의미를 가지고 있는 깨끗하게 하는 것으로서의 세례욕(洗禮浴)과는 달리 '주의 이름'을 부르는 의식은 이중적으로 작용한다. 즉, 그의 신비한 힘에 의해 악령들을 쫓아낸다는 소극적인 작용과 마찬가지로 수세자들을 미래에도 '주'의 수호 아래 두고 그를 미래에도 귀신들의 작용들에서 안전하게 하는 적극적인 작용이다.[96]

미래를 위해 중요한 세례의 적극적 작용은 그것이 성령을 수여한다는 점에도 존속한다. 이것도 기독교 공동의 견해인데, 이것은 바울에게서 전제되었다(고전 12:13; 고후 1:22). 즉, 세례에서 성령을 받는 것이다.[97] 그러므로 '영의 수여'와 '그의 이름을 부르는 것'은 동일한 것이었다.

지금까지 살펴본 세례 성례의 세 가지 의미, 즉 깨끗하게 함과, 이름에 의한 인침 그리고 영의 수여로서의 해석에는 다시 중요한 네 번째 것이 추가된다. 즉, 세례는 "그리스도의 죽음과 부활"에 참여케 한다는 것이다. 이런 "그리스도의 죽음과 부활"에 참여하는 것으로의 세례는 불트만에 의하면 그 당시 헬레니즘계의 공동체에 의해 생겨난 것으로 본다.

그리고 이 공동체는 당시 밀의 종교(密儀宗敎)들의 입교 예식에서 유추한 방식으로 세례 성례전을 이해했다고 본다.[98] 이렇게 함으로

---

95 루돌프 불트만, 『新約聖書神學』, 136.
96 루돌프 불트만, 『新約聖書神學』, 137.
97 루돌프 불트만, 『新約聖書神學』, 138.
98 루돌프 불트만, 『新約聖書神學』, 139-144; 여기서 불트만은 세례 의식이 기독교만의 고유한 의식이 아니라, 밀의 종교의 허입 의식으로 있었던 것이 어떻게 다

기독교의 실존을 종말론적인 것으로 이해하는 대신에 헬레니즘적 성례의 마법적 신비 위에 세울 위험이 주어졌다.

그러나 반면에 바울에 의해 파악된 가능성, 즉 그 실존을 "그리스도의 죽음과 부활"에 의해 규정된 것으로 해석할 수 있는, 다시 말해서 이 성례를 구원 사건의 실제적인 현재화로서 이해할 수 있는 가능성도 제공되었다.[99]

구원 사건으로서의 십자가는 신화적 인물인 그리스도에게서 일어난 고립된 사건이 아니라, 그 의미성에서 '우주적' 차원을 지닌 것이다. 그리고 역사에 변화를 일으키는 결정적인 의미는 그것이 종말론적인 사건이라는 사실에 의해 표현되었다. 즉, 그것은 사람들이 회고할 수 있는 과거의 사건이 아니다.

오히려 이것은 신앙을 위해 이해되면 언제나 '현재'라는 점에서, 시간 안에서, 그리고 시간 너머에서 일어난 종말론적인 사건이다. 이 사건은 우선 성례전에서 현재한다.[100]

세례에서 그리스도의 죽음에 동참하고(롬 6:3), 그와 함께 십자가에 달린다(롬 6:6). 성만찬에는 그때그때 그리스도의 죽음이 선포되고(고전 11:26), 성만찬을 먹는 자는 십자가에 죽은 몸과 흘린 피에 동참한다(고전 10:16). 다음으로 그리스도의 십자가는 믿는 자들의 구체적인 삶에서 현재한다. 바울은 다음과 같이 말한다.

양한 해석과 결합되어 교회의 의식으로 그것도 기독교의 독특한 성례로 자리 잡게 되었는지를 밝히고 있다.
99 루돌프 불트만, 『新約聖書神學』, 144.
100 루돌프 불트만, "신약성서와 신화", 96.

> 그리스도 예수의 사람들은 육체와 함께 그 정욕과 탐심을 십자가에 못 박았느니라(갈 5:24).

> 우리 주 예수 그리스도의 십자가 외에 결코 자랑할 것이 없으니 그리스도로 말미암아 세상이 나를 대하여 십자가에 못 박히고 내가 또한 세상을 대하여 그러하니라(갈 6:14).

그는 "그의 죽음과 같이 된"자로서 "그의 고난에의 참여"를 경험하려고 노력한다(빌 3:10). '정욕과 욕심'을 십자가에 못 박은 것은 고난 앞에서의 두려움과 도피를 극복하는 것이기도 하고, 고난을 도맡아 짐으로서 세계에서의 자유를 관철하려는 것이기도 하다.

그렇기 때문에 그것은 분명히 "항상 죽음의 위협을 받으면서 예수의 죽음을 우리 몸에 지니고", "예수를 위하여 죽음에 내어준 것이 되는" 고난에 대한 자발적 참여를 뜻하는 것이다(고후 4:10-11). 그러므로 그리스도의 십자가와 고난은 현재한다. 그리고 십자가의 죽음은 과거의 사건으로 한정될 수 없다.[101]

개인은 세례 성례에 의해 '그리스도의 몸'(σῶμα Χριστοῦ)에 받아들이게 된다. 기독교 공동체에 속한다는 것은 '그리스도(主) 안에'(ἐν Χριστῷ) 있음을 뜻하고(롬 16:7, 11; 고전 1:30), 마찬가지로 기독교 공동체들도 '그리스도 안에'(ἐν Χριστῷ) 있는 것으로 이해된다(갈 1:22; 살전 2:14). '그리스도 안에'는 신비적인 결합을 위한 격식어(格式語)일 수는 없을 것으로, 우선 교회론적인 언어이고 세례에 의해 '그리스도

---

[101] 루돌프 불트만, "신약성서와 신화", 96-97.

의 몸'에 접목된 존재를 표시한다. 따라서 불트만은 세례와 교회 공동체의 관계에 대해 다음과 같이 말한다.

> 세례에 의해 조직된 공동체가 종말론적 공동체이기 때문에 그 말들은 대체로 교회론적이며 동시에 종말론적인 의미를 가진다(고후 5:17). '그리스도 안에'의 종말론적 의미는 그것과 '영으로'(ἐν πνεύματι) 함께 쓰여질 지라도 그 의미가 퇴색되거나 어색하지 않게 신약성서에서는 사용되고 있다(롬 8:9, 14:17). '영'(πνεῦμα)은 세례에 의해 제공되므로(고전 12:13; 고후 1:22), 반대로 '영으로'(ἐν πνεύματι)도 교회론적인 언어인 것이지 신비적 결합이나 마법적 성격을 갖는 것은 아니다.[102]

수세자(受洗者)에게서 일어나는 객관적인 사건은 역시 세례이고, 가령 주관적인 현상들을 위한 상징이 아니다. 바울은 수세자의 어떤 체험들에 관해서 말한 바가 없다. 그것은 수세자에게 일어나는 객관적인 사건으로서 구원 사건, 즉 예수의 죽음과 부활에의 참여를 그에게 확인한다.

말하자면 그것은 선포된 말이 하는 것과 같이 그에게 구원 사건을 현재화(現在化) 하되, 단지 지금 바로 수세자에게만 특별히 관련되는 것으로 현재화 한다. 그러나 자기 쪽에서 자기 것을 만드는 것은 설교된 말에서 일어나는 구원 사건을 자기 것으로 만드는 것과 같은 것이다.[103]

---

102 루돌프 불트만, 『新約聖書神學』, 313-314.
103 루돌프 불트만, 『新約聖書神學』, 315.

한편, 세례는 수세자 측에서 볼 때 고백하는 신앙 행위이다(롬 10:9). 그리고 말을 믿음으로 받아들이는 것은 그것으로 말하는 '주'(κύριος)에 대한 승인인 것 같이 세례도 '주'(κύριος)의 지배 하에 속한다. "그리스도 안에 있음"(Ἐν Χριστῷ εἶναι)은 곧 "그리스도의 것으로 있음"(Χριστοῦ εἶναι), 즉 그리스도를 주로 삼는 것이다(갈 3:29).

"십자가의 말"(Λόγος τοῦ σταυροῦ)을 받아들이는 것이 자신의 자기이해와 자신의 생활이 십자가에 의해 규정되게 하는 것을 뜻하는 바와 같이 세례는 그리스도와 "함께 십자가에 달림"(συσταυρωθῆναι)을 뜻하므로(롬 6:6), 예수의 죽음과 부활에 참여했다는 직설법에 그 명령법이 근거를 두고 있다. 그러므로 바울은 다음과 같이 말하며 로마서 13:14에서 "주 예수 그리스도를 옷 입어라"라고 명령할 수 있었다.[104]

> 너희 자신을 죽은 자 가운데서 다시 살아난 자 같이 하나님께 드리며 너희 지체를 의의 무기로 하나님께 드리라(롬 6:13).

> 누구든지 그리스도와 합하기 위하여 세례를 받은 자는 그리스도로 옷 입었느니라(갈 3:27).

기독교의 희망과 탈신화화의 과정은 이미 일찍부터 성례전을 통하여 일어나게 되었다. 그리스도의 재림의 지연으로 인한 실망이 성례전에 현재하는 그리스도를 앎으로 극복되었으며, 교회는 성례전 가운데 초월적인 하나님의 나라가 그리스도가 지배하는 현재적 사건으

---

[104] 루돌프 불트만, 『新約聖書神學』, 315-316.

로 받아들이게 되었다.[105]

따라서 불트만은 교회가 역사적 종말론적 현실에서 참 이스라엘이며, 구원의 완성을 기다린다는 점에서 다음과 같이 말한다.

> 교회는 단순한 제사적인 모임이 아니고 무엇보다도 역사적 종말론적 현실이며 모든 개체 공동체가 결합되어 있는 참 이스라엘이다. 그것은 구약 성서적 구원 사실들을 통해 준비된 것이며 최후의 구원사실, 그리스도의 파견과 그의 운명에 의해 토대를 얻고, 그것들의 완성을 기다린다.
> 설교에 의해 부름 받은 자들은 이 교회에 속한다(고후 5:19). 성례들은 이 공동성을 구성하는바 그것들에서 하늘의 능력을 구하며 받는 것을 체험하기 때문이 아니라 그것들은 오히려 구원 사건들, 즉 그리스도의 죽음과 부활이 객관적으로 신자들에게 일어나는 것으로서 현재화 되는 사건들이기 때문이다.[106]

2) 성찬 성례

세례에서 그리스도의 죽음에 동참하고(롬 6:3), 그와 함께 십자가에 달린다(롬 6:6). 동시에 부활에도 동참하게 하는 것이다. 우리는 장차 새로운 생명 안에서 그와 함께 살게 되고 그의 부활에 '참여'하게 될

---

[105] 루돌프 불트만, "기독교적 희망과 탈신화화의 문제", 『學問과 實存』 III, 허혁 역 (서울: 성광문화사, 1981), 5.
[106] 루돌프 불트만, "신약성서의 그리스도론", 296.

뿐만 아니라(롬 6:4-5) 이미 현재도 그러하다.[107] 그러므로 세례를 받은 자가 참여하는 성만찬에서는 그때그때 그리스도의 죽음이 선포되고(고전 11:26), 성만찬을 먹는 자는 십자가에 죽은 몸과 흘린 피에 현재적으로 동참한다.

다음으로 그리스도의 십자가는 믿는 자들의 구체적인 현실에서 현재한다고 볼 수 있다. 그뿐만 아니라 불트만은 예수 그리스도의 구원의 십자가는 선포뿐 아니라 다음과 같다고 말한다.

> 십자가가 자신의 삶의 생명이라고 여기고 받아들여 그리스도와 한 몸($\sigma\hat{\omega}\mu\alpha$)이 된 자들에게도 현재한다.

성찬에 관한 불트만의 주석적 해명을 보면, 주의 만찬으로서의 성찬은 초대 교회 때부터 규칙적으로 행해진 의식임을 말하고 있다. 주의 만찬을 성례로서 성찬이 되어 가는 의전적인 말들은 바울과 마가에 의해 대체로 일치해서 전승되었고 마태와 누가는 마가에 영향을 받았으며 누가는 바울에게도 영향을 받은 것으로 본다.[108]

주의 만찬의 본래 의미가 성례전적 참여라는 것은 수사적 질문으로 고린도전서 10:16의 말씀과 같이 이해할 수 있다.

> 우리가 축복하는 바 축복의 잔은 그리스도의 피에 참여함이 아니며 우리가 떼는 떡은 그리스도의 몸에 참여함이 아니냐(고전 10:16).

---

107 루돌프 불트만, "신약성서와 신화", 100.
108 루돌프 불트만, 『新約聖書神學』, 146.

이것은 성찬의 자명한 의미를 고린도 교회 교인들도 알고 있다는 것을 전제로 한 것이다.

마찬가지로 17절에서도 다음과 같이 말씀한다.

> 떡이 하나요 많은 우리가 한 몸이니 이는 우리가 다 한 떡에 참여함이라 (고전 10:17).

이 구절에서 알 수 있듯이 성례전적 교제를 통해 참여자들이 한 몸(σῶμα)에 연합되었음을 말하며, 몸은 통일성에 대한 비유적 의미가 아니라, 그리스도의 몸(σῶμα τοῦ Χριστοῦ)을 가리키고 있는 것이다. 빵(떡)이 그리스도의 몸이라고 한 것은 그것을 베푸는 공동체의 통일성의 근거가 오로지 그 빵(떡)의 유일성에 있다는 것을 뜻한다.

바울뿐 아니라 요한에게서도 성찬에 관한 부분(요 6:51-58)에서 알 수 있듯이 여기에서도 동시에 참례자들에게 끼치는 성례의 작용이 어떤 것인가를 말하고 있는데 예수의 살과 피를 삼키는 자는 그것을 통해서 생명을 얻는다.[109] 즉, 주의 만찬을 먹지 못하는 자는 생명에 대한 희망을 이룰 수 없다. 말하자면, 주의 만찬은 요한복음에 의하면 죽지 않게 하는 '불사의 약'으로 이해되고 있기 때문이다.

> 내 살을 먹고 내 피를 마시는 자는 영생을 가졌고 마지막 날에 내가 그를 다시 살리리니 (요 6:54).

---

[109] 루돌프 불트만, 『新約聖書神學』, 147.

성찬에 참여하는 자는 그 몸 안에 부활을 보장하는 가능성을 가진다는 것이다. 즉, 초자연적인 본질로 변하게 한다는 것을 말한다. 그 이유는 세례와 마찬가지로 성찬도 헬레니즘계의 기독교에서 밀의 종교(密儀宗敎)의 영향을 받았기 때문이라고 불트만은 소상히 밝히고 있다.[110] 그러나 불트만은 이런 주변의 영향에도 불구하고 기독교회 성찬의 독특성을 유지했다고 하면서 다음과 같이 말한다.

> 성서에서의 성례전으로서 성찬은 교제(交際)의 사상을 표현하되 참여자들이 한 몸(σῶμα), 즉 그리스도의 몸(σῶμα τοῦ Χριστοῦ)이 된다는 말로 표현했다면(고전 10:16 이하.) 그리스도의 몸에 관한 그의 사상이 주의 만찬에 관한 파악도 규정한 것이 분명하다.
> 그리고 그가 주의 만찬식에 의한 그리스도의 죽음의 현재화를 "복음 선포"(καταγγέλλειν)라고 부른 바(고전 11:26), 다시 말해 설교라는 말과 같은 말로 표현했다면(롬 1:8; 고전 2:1, 9:14; 빌 1:17 이하). 일부터 드러나는 것은 주의 만찬의 성례도 세례와 마찬가지로 말의 선포에 예속되어 있다는 것이다.
> 결국은 같은 것의 특별한 양상만을 서술할 뿐이라는 것이다. 특별한 것은 세례에서와 비슷하게 구원 사건을 바로 지금 여기에서 예배하는 자들에게 적용시키는 특별한 방법이며, 이 외에 말씀의 선포와 세례에서 분명하게 강조되지 않은 (예배자들의) 공동 사회를 세우는 역사(役事)이다(고전 10:16 이하). 그러므로 성례의 역사(役事)는—밀의 종교(密儀宗敎) 사상들의 영향이 있었음에도 불구하고 독특하게—본래 '물질

---

110 루돌프 불트만, 『新約聖書神學』, 132-151.

들', '맛본 음식물'이 아니라 '선포하다'(καταγγέλλειν)로서의 행위에 근거를 두고 있음이 분명하다. 여하간 주의 만찬은 바울에게 있어서 그것을 먹음으로 불사의 생명이 보장되는 "불사의 약"이 아니다. 여기서 승인되고 세워지는 것은 오로지 '주'(κύριος)의 지배권이다.[111]

이처럼 신앙이 성례에서도 수행된다는 점에서 그것은 그때에도 말의 지배 아래 속한다. 성례는 '보이는 말'(verbum visibile)로서 말과 함께 역사한다. 그것이 행하는 것은 말이며 다른 것이 아니기 때문이다. 그것은 선포와 마찬가지로 구원의 행위를 현재화함으로 설교에 현재하는 그리스도와 분리될 수 없다고 불트만은 본다.[112]

---

111 루돌프 불트만, 『新約聖書神學』, 316.
112 루돌프 불트만, "신약성서의 교회와 가르침", 350.

제4장

결단을 요청하는 그리스도와 책임적 인간으로서의 연관성

지금까지 본론 제2, 3장에서 살펴본 바와 같이 불트만의 연관성은 구조적 연관성이다. 구조적 연관성은 다차원적인 성격을 가지고 있다. 인간은 성서(Text) 앞에서 결단을 요청받고, 또한 인간은 설교를 통해 결단을 요청받는다. 인간이 스스로 결단할 수 있는가에 대한 질문에 많은 신학자가 답변을 시도했지만, 쉽게 답을 제시하지 못했다.

그러나 불트만은 이에 대해 답변했고, 그것이 그의 신학의 핵심을 이루고 있다. 즉, 인간은 텍스트를 통해서이건, 설교를 통해서이건, 결단 앞에 설 때 결단할 수 없는 자신을 마주한다. 이때 인간은 절망과 한계 상황 속에 던져진다.

인간이 어떤 것도 할 수 없는 위기 앞에서 인간은 은혜를 체험한다. 여기서 불트만은 은혜의 성격을 '현재하는 그리스도'로 구체화했다. 인간의 결단을 통해 마주하는 은혜, 설교, 성서(Text)를 통해서 현재하는 그리스도와의 사이에 연관성이 있다는 것이다. 이것은 개념적인 연관성이 아니고 인간의 결단을 통해 자신에게 압도해 오는 은혜와 성서(Text)와 설교에 현재하는 그리스도 사이의 연관성이라는 것이다.

다시 말하면, 불트만의 신학이 드러낸 현재하는 그리스도가 요청해 오는 결단의 말, 예수의 선포, 설교에 인간은 결단할 능력을 가지고 있는가에 대한 문제는 간단하지 않다. 만약 인간이 결단의 요청을 받더라도 결단할 능력이 인간에게 전혀 없다면 인간은 책임이 없다. 반대로 인간에게 결단할 수 있는 가능성이 있다면 결단의 주체는 현재화된 그리스도가 아니라 인간이 주체가 되는 것이다.

그렇다면 기독교의 구원론에 심각한 문제가 생길 수밖에 없다. 왜냐하면, 인간이 스스로 결단할 능력이 있다면 구원은 결국 인간의 능력에 좌우되는 것으로서 기독교의 구원의 독특성이 사라져 버린다. 불트만의 신학의 장점은 바로 이런 충돌을 극복하고 있다는 것이다.

불트만의 비신화화 성서 해석 방법이 많은 비판을 받은 것을 우리는 살폈다. 수많은 비판이 있었지만 불트만은 거의 일관되게 그의 해석법을 고수했다. 이것은 불트만 자신이 성서에 계시된 그리스도와 실존적으로 만날 수 있는 그 자신만의 해석이기도 한 것이다.

그리스도와 실존적으로 만난 이들의 실존적인 기록이 성서이듯이 불트만은 성서를 해석하면서 성서를 살아 있는 그리스도를 만나고자 한 것이고 현대인들에게 뒤돌아 갈 수 없게끔 성서를 그들 앞에 두고 있는 것이다. 성서를 비신화화해서 실존적으로 그리스도를 만나야만 우리에게 결단을 요청하는 그리스도를 만나게 될 것이라고 말한다. 복음서의 그리스도의 선포에서 뿐만 아니라 성서의 모든 내용이 우리를 향해 결단을 요구하는 계시의 말씀인 것이다.

그러므로 성서의 텍스트가 우리로 하여금 결단에 이르도록 하는 것은 텍스트로서의 문장이 아니라, 그리스도가 현재하는 사건이 되는 것이다. 우리는 여기서 그리스도를 만나고 결단에 이를 수 있다.

그러므로 성서의 비신화화는 결국 성서의 말씀에 현재하는 그리스도 앞에 실존적 결단을 위한 통로임을 밝혔다. 이로써 불트만에게서 인간의 결단은 비신화화를 통한 성서에 현재하는 그리스도와 실존적으로 만나는 연관성을 결코 배제할 수 없다.

여기서는 불트만의 신학에서 연관성이라는 개념 자체를 독립적으로 사용하지는 않지만 그의 신학 전반에 드러나는 현재성을 통해 구조적으로 서로 연관 되어 있다는 것을 밝히고자 했다. 우리가 역사를 대하든지, 성서를 대하든지, 설교를 듣든지, 결단을 요청하는 그리스도의 말을 피해 갈 수 없다는 것을 알 수 있다. 그러므로 이제 여기에는 두 가지 과제가 생겨난다.

첫째, 현재하는 그리스도의 은혜의 문제이다.
둘째, 그 은혜에 대한 인간의 책임성이 요구된다.

이 둘의 균형과 조화를 유지하지 못하면 기독교의 신앙은 매우 괴기한 형태가 되어 버릴 것이다. 은혜만을 말하면 책임이 사라진 천박한 종교가 될 것이고, 반대로 인간의 책임만을 말하면서 은혜를 등한시 하면 기독교는 초월성을 상실한 한낱 사회 운동의 한 단체가 되어 버리고 말 것이다.

1. 책임적 인간

성서에서 인간을 규정할 때 언제나 책임적인 존재로 말한다. 성서는 인간을 운명의 꼭두각시가 아니고, 그와 관계를 맺고 있는 하나님 앞에서 책임적 존재임을 말한다.[1] 하나님은 인간을 자신과의 상호 계약 관계에 있는 것으로 인정했다. 인간은 아무런 판단과 결정도 할 수 없는 무감각한 존재가 아니다. 인간은 하나님을 찾을 수도 있고, 하나님은 그 음성을 듣고 응답한다. 하나님과 인간은 관계적이며, 인간은 하나님 앞에서 주체적인 존재인 것이다.[2]

불트만이 시도한 비신화화 작업에 의해 밝혀진 예수의 선포에서 결단을 요청하는 모든 말에는 인간의 책임이 이미 내포되어 있다. 예수는 인간에게 가장 먼저 도래하는 하나님의 나라의 현실 앞에서 회개를 요청했다. 회개의 가능성이 인간에게 있고, 그 행위에 대한 책임도 인간에게 있다.

> 내가 너희에게 이르노니 사람이 무슨 무익한 말을 하든지 심판 날에 이에 대하여 심문을 받으리니(마 12:36).

심판은 바로 인간의 책임을 묻는 것이다.[3] 성서에서 심판과 관련된 말씀들은 신앙인들에게 위협을 하려는 의도가 아니고 인간의 삶에 대한 책임에 그 초점이 맞추어져 있다.

---

1 김동건, 『예수: 선포와 독특성』, 325.
2 김동건, 『예수: 선포와 독특성』, 325.
3 김동건, 『예수: 선포와 독특성』, 326.

가슴을 치며 죄인임을 고백하는 세리의 기도(눅 18:13)나 아버지에게 용서를 간청하는 돌아온 탕자(눅 15:18-19)의 행위는 인간의 결단을 내포하고 있다. 그런데 회개의 기간이 무한정 있는 것이 아니다. 하나님의 은혜로 허락된 기간이 지나면 더는 돌이킬 수가 없다(눅 13:9). 그것은 결단의 시간이 정해져 있다는 것이며 그에 따른 인간의 책임성이 요청된다는 것이다.[4]

이렇게 인간을 '책임적 존재'로 봐 주시는 것은 인간을 향한 하나님의 긍정이요 은총인 것이다. 인간에게 책임성이 없다면 인간은 자신의 인격에 대한 주체성도 사라질 것이고, 결국은 인간이라고 부를 수 없는 존재가 되고 말 것이다.

> 감히 죄를 지을 수도, 그리고 하나님 앞에 회개할 수도, 또한 하나님과 새롭게 대화할 수도 있는 존재인 것이다. 따라서 예수의 윤리적 요청에 대해 결단하지 못한 책임은 인간에게 있다. 변명할 수도 없고, 그 요청을 피할 수도 없다. 따를 것인지, 아닐지에 대한 책임은 전적으로 인간에게 주어진다. 예수는 인간에게 결단의 주체성이 있다는 것을 전제로 하고 요청했다. 이제 그 요청에 대한 자기 결단만 남는다.[5]

그렇다면 인간이 이 결단에서 벗어날 수 있는 길이 있는가라고 물었을 때 그 대답은 전혀 없다.

---

4 김동건, 『예수: 선포와 독특성』, 326.
5 김동건, 『예수: 선포와 독특성』, 327.

따라서 불트만은 인간의 결단에 대한 물음에 다음과 같이 말하고 있다.

> 인간에게 중립성은 없다. 인간은 그의 존재에 주어져 있는 둘 뿐인 가능성, 즉 선과 악 중의 어느 하나를 결단해야 하는 것이다.[6]

위의 글에서와 같이 인간은 선과 악 가운데 어느 하나를 결단해야만 한다. 그리고 그 결단의 요청에 대한 보상과 결과는 인간에게 주어진다.[7] 그런데 그 결단의 요청 중에 상당한 부분은 실천하기 어려운 것이다. 원수 사랑(마 5:44)이나, 우리가 하나님처럼 온전해지는 것(마 5:48), 재산을 다 팔아 가난한 자에게 주라(막 10:21)는 것은 쉽게 실천할 수 있는 것이 아니다.

예수의 말씀 중에는 더러 쉬운 요청도 있어 보이지만 그 궁극성에 있어서는 결코 쉬운 것이 없다. 그래서 주저하게 된다. 여기에 걸림돌(Stumbling block)이 있다.

그러나 인간이 예수의 요청을 행하기 전에 그 가능성을 먼저 물어서는 안 된다. 행하지 않고 가능성을 묻는 순간 예수의 요청에서 그 독특성을 잃게 된다. 그 독특성은 사색이나, 명상이 아니라 '행하라'라는 것이다. 즉 전적인 순종을 요구했다. 행하지 않고는 그 어떤 가능성도 미리 알 수 없으며, 전적인 순종 가운데서만 그 가능성이 파악된다.[8]

---

6 루돌프 불트만, "예수", 291.
7 루돌프 불트만, "예수", 292.
8 김동건, 『예수: 선포와 독특성』, 327.

가능성을 먼저 물으면서 행하지 않는 책임은 '나'에게 있다. "회개하라"라는 선포에 머뭇거린 나에게(막 1:15), 모든 소유를 "팔라"라는 요청에 침묵한 나에게(막 10:21), "누가 나의 이웃인지"를 묻기만 한 나에게(눅 10:29), 선포되는 산상수훈의 말씀 앞에서 음미만 한 나에게(마 5:1이하) 그 모든 책임이 주어진다.

그러므로 가능한지를 먼저 물어서는 안 된다. 예수는 가능성 여부를 설명한 적이 없다. 예수는 '행하라'라고 말씀했다.[9] 예수의 요청이 인간에게 던져졌고, 그 요청에 전적으로 응답[10]한 자만이 요청의 의미를 안다. 다시 말해 예수의 궁극적인 부르심, 결단의 요청을 객관적 관찰자의 입장에서 가능성의 여부만 묻는 자는 예수가 그토록 꾸짖었던 바리새인과 서기관들일 뿐이다.

기독교는 행위에 대한 보상으로 구원이 주어지는 것이 아님은 명백하다. 구원은 전적인 하나님의 은혜로만 가능하다. 인간에게는 그 어떤 가능성도 남아 있지 않다는 것이 기독교 보편의 가르침이며 불트만도 여기에 전적으로 동의한다.[11] 그러나 "행동(결단)하지 않는 사람에게 하나님의 뜻은 언제나 추상성"에 머무른다.[12]

---

9   김동건, 『예수: 선포와 독특성』, 327.
10 루돌프 불트만, "예수", 299. 불트만은 전적인 순종이 아니고 순종을 빙자한 외형적인 법적인 기준만 간신히 이행될 정도의 결단을 하는 자는 사실 전혀 결단을 하는 것이 아니라고 하며 예를 든다. "살인은 하지 않았지만 분노는 극복하지 못하는 자는 그가 전적으로 결단해야 함을 이해하지 못한 자이다. 간음은 피하지만, 부정한 음욕을 마음에 품는 자는, 그에게서 전적인 순결을 요구하는 간음하지 말라는 금령을 전혀 이해하지 못한 사람이다. 거짓 맹세만을 하지 않는 자는, 전적인 진실이 문제인 것을 파악하지 못한 것이다. … 전적인 사랑은 원수 사랑까지도 뜻하기 때문이다."
11 루돌프 불트만, 『新約聖書神學』, 280-294.
12 김동건, 『예수: 선포와 독특성』, 328.

누구도 대신할 수 없다. 각기 자신의 죽음을 죽어야 하기 때문이다. 누구나 각기 자신의 실존을 홀로 실현시켜야 한다.[13]

이 결단, 즉 인간이라는 다시 말하면 스스로 책임지는 인격이라는 과감성이 없이는 아무도 성서의 말을 그의 인격적 실존을 부르는 말로서 이해할 수 없다.[14] 그러므로 결단이 없는 그에게 하나님은 언제나 "멀리 있는 하나님"[15]이다.

하나님의 뜻은 일반 인간에게 전달되는 객관적 정보가 아니다. 선포되는 말에 현재하는 그리스도를 통하여 요청받는 결단에서만 그 뜻을 알 수 있다. 그러므로 결단이 없이는 결코 하나님의 뜻을 알 수 없다. 이 사실에 해 김동건은 다음과 같이 말한다.

> 윤리적 개념으로 옳다는 것을 알 수 있을지라도 순종하지 않는다면, 그에게 예수의 윤리는 다른 일반 윤리들과 유사한 하나의 항목이 될 뿐이다. 전적인 결단 없이, 요청에 대한 형식적 완수는 의무일 뿐이며 이럴 경우 예수의 결단의 요청에서 가장 중요한 독특성을 상실하게 된다. 예수의 윤리의 독특성은 철저한 순종을 통해 '구원의 하나님'을 만나는 것이다.[16]

---

13 루돌프 불트만, "예수그리스도와 신화", 243.
14 루돌프 불트만, "예수그리스도와 신화", 243.
15 루돌프 불트만, "예수", 327-338.
16 김동건, 『예수: 선포와 독특성』, 328.

그러므로 결단할 때 하나님은 그에게 "가까이 계신 하나님"이 된다.[17] 결단이 현재적이지 않으면 결단은 결국 추상성에 빠지고 미래에 해야 할 하나의 일반적인 임무로 전락하고 만다. 결단은 의무와 심판이 아니라 기쁨이며 구원이다. 하나님 나라의 현재적 체험이다. 결단 속에 함께하는 하나님의 임재이다. 구원이 현재한다. 이것이 예수가 윤리적 요청을 통해 우리에게 보여준 결단의 의미요 순종의 의미인 것이다.[18]

2. 현재하는 그리스도의 은총

불트만에게서 현재하는 그리스도가 선포됨은 은혜의 사건이다. 이유는 그것이 구원이 선포되고 구원에로의 요청이기 때문이다. 그런데 분명히 구원이 선포되고 구원이 현실이 되었지만 하나님의 용서는 실현되지 않는다. 이런 모순적 상황이 인간이 마주한 현재적 상태다. 그는 용서의 세계 안에 있으나 아직 용서와 구원이 실현되지 못한 상태, 불가능한 현실 속에 있다.

여전히 예수는 "따르라"라고 요청한다. 그 요청을 따라 결단할 때, 그 결단은 전적인 순종을 의미한다. 부분적인 동의나 삶의 일부분을 바치는 것이 아니다. 인간은 전적인 순종, 전적인 포기, 자신의 세계가 선포로 압도해 오는 그리스도 때문에 종말을 고하고 예수 그리스도의

---

[17] 루돌프 불트만, "예수", 327-338.
[18] 김동건, 『예수: 선포와 독특성』, 328.

세계가 내 안에 현재화 될 때, 그런 결단 속에서 은혜를 알게 된다.[19]

이런 결단의 요청이 너무 이론적이고 공허한 가르침으로 오해할 수도 있겠으나 결코 그렇지 않다. 결단을 요구하는 예수에게 있어서는 종교적 영역과 사회적인 영역의 구별이 없다는 것은 모두 다 잘 아는 사실이다. '죄와 회개'가 사회적 측면을 가지는 것처럼, 예수의 분노도 사회적 성격을 가진다. 예수의 선포와 비판은 잘못된 종교뿐 아니라 사회적인 구조와 생명을 억압하는 어떤 체계도 피해 갈 수 없다.

이 세상 전체가 예수가 활동한 장이기에 하나님의 나라의 도래는 이 세상의 역사와 무관하지 않다. 영과 육의 이원론적인 세상을 말하면서 영적인 나라만이 하나님의 나라라고 말하지 않았다. 예수는 결코 자신의 삶의 터전인 사회를 버리지 않았다. 예수는 그의 말로 개인적 감정과 보복으로 선포하지 않았다.[20]

불트만이 성서에서 결단을 요청하는 예수의 부름말에는 분명한 내용성을 가지고 있다고 말한다.

그 결단의 내용이 무엇인가?

아무것도 보장되지 않는 미래를 향해 결단을 할 때, 인간은 하나님의 은혜를 만난다. 인간이 전(全) 실존으로 자기의 책임성을 가지고 결단에 임할 때 인간은 결단할 수 없는 자신을 마주하게 될 것이다. 예수로부터 들을 수 있는 말은 "용서하라", "사랑하라", "섬겨라", "낮아져라"라는 명령만이 있을 뿐인데 우리는 자신에게 '결단의 능력'이 없다는 것을 알게 된다. 역설적으로 이 불안이 인간의 비본래

---

19 김동건, 『예수: 선포와 독특성』, 329.
20 김동건, 『예수: 선포와 독특성』, 286-287.

적인 존재로서의 불안을 끝장내는 진정한 불안인 것이다. 사랑하라는 평범한 요구에도, 용서하라는 요구에도 전 실존을 걸고 행할 수 없는 존재임을 알게 된다. 자신의 한계 끝에서 그는 은혜의 하나님을 마주한다.

어느 순간, 자신이 행한 그 결단이 하나님의 은혜로 가능했다는 것을 알게 된다. 은혜가 무엇인지는 하나님의 은혜 안으로 들어 간 자만이 안다. 구원도 사랑도 마찬가지다. 결단을 통해 하나님의 은혜와 구원을 체험하는 것이 결단의 내용이고 실체이다. 구원의 하나님보다 더 큰 보상은 없다.[21]

> 누구든지 제 목숨을 살리려는 사람은 잃을 것이며 제 목숨을 잃는 사람은 살릴 것이다(눅 17:33. 공동번역).

비로소 궁극적인 하나님의 보상인 자신의 실존을 은혜로, 결단을 통해 획득한 것이 된다.[22]

지금까지 살펴본 것을 통해 볼 때 불트만의 신학에서 현재하는 그리스도와 인간의 결단에 대한 연관성은 검증되었다. 즉, 불트만의 실존론적 신학에서 그리스도의 은혜와 인간의 책임성은 서로 괴리되는 구조가 아니라 서로 연관성을 통해서만 살아나는 것으로 검증되었다. 불트만은 연관성이라는 개념을 사용하지는 않지만 그의 신학사상 전반에서 이 책의 방향성에 합당하게 구조적으로 세워져 있음이 밝혀졌다.

---

21 김동건, 『예수: 선포와 독특성』, 286-287.
22 루돌프 불트만, 『新約聖書神學』, 12-13.

제5장
결론

　불트만의 신학은 분리된 이론들이 아니라, 그의 전 신학이 인간론이든 역사 이해이든, 선포되는 설교든 이 모든 것은 상호 연관 속에서 이루어지는 것을 살펴보았다. 불트만의 신학이 '실존'을 강조하는 것 때문에 많은 사람으로부터 오해를 받았었다. 그러나 인간이 실존적 결단 없이 '참 인간'으로서의 현실을 살 수는 없다. 그래서 현재적 결단은 언제나 공적인 역사성을 의미하기 때문에 실존에 매몰되는 신학이 아니고 현재성이 강한 신학을 추구하고 있음을 알 수 있다.

　우리는 불트만의 신학적 배경과 선행 연구를 통해 불트만은 그의 신학을 펼치는 것에 결코 게으르지 않았으며 자신의 주어진 시대에 신학으로 그 시대의 교회를 지키고, 기독교의 시작으로부터 생겨난 인류의 역사 의식을 교회가 다시 회복하여 역사의 진정한 주인은 하나님임을 해명했다. 그뿐만 아니라, 그 자신 스스로 설교자로서 살아가면서 설교를 지킨 신학자라는 것을 알 수 있었다.

　그래서 필자는 불트만의 신학적 특징들을 다음과 같이 살펴보았다.

첫째, 불트만의 인간론에서는 인간 일반을 다루는 생물학적 고찰이 아니라 구원을 필요로 하는 인간, 결단 앞에 선 인간의 현실을 살펴보았다. 인간은 알 수 없는 미래에 대한 불안을 극복하기 위한 방편으로 자신을 객관화시키고 종교적 열정에 빠짐으로써 탈출구를 찾지만 그 모든 노력이 헛된 것임을 성서가 말하고 있는 것을 보았다.

아무리 탈출구를 찾으려고 해도 구원에로 부르는 예수의 요청과 순종의 요청에 피할 수 없는 존재가 인간이다. 이런 결단의 요청을 피할 수 없는 인간 존재가 인간 특유의 조건이라는 사실을 알 수가 있다. 무엇보다 불트만의 신학을 하는 동안 우리는 불트만 자신의 말이 아니라 결단을 요청하는 예수의 말을 듣게 하는 것이 불트만의 의도였음도 알았다.

둘째, 불트만은 신약학자이면서 또한 역사가로서의 면모를 드러냈다. 인간 이해에 있어서 객관적 인간 이해가 아닌 실존적 인간 이해를 추구해온 그는 역사가로서의 역사 이해도 동일하게 객관적 역사관을 거부한다.

그 이유는 불트만에게 있어서 신앙과 역사가 분리되는 것을 막으려는 그의 신학적 고민이 있었기 때문이었다. 역사와 신앙은 언제나 동시적이며 서로 연관성을 가지고 있을 때만 성서적인 신앙이 된다는 것이다. 예수의 선포에 대한 불트만의 해석은 시간 안에 살고 있는 한 인간의 구체적인 상황에서 이루어졌듯이 오직 역사 안에서만 역사적인 과거와의 대화에 이를 수 있기 때문인 것이다.

불트만 신학의 뛰어난 점으로 우리는 그의 역사관을 성서 말씀과 연결시킨 작업이었음을 보았다. 결국, 역사도 실존적으로 참여하지 않으면 지나간 과거의 사실일 뿐이며, 그리스도 또한 과거의 한 인물일 뿐이다. 그러나 다가오는 그리스도는 단순한 미래의 인물이 아니라, 실존과 마주침 속에서 항상 나에게 현재화 될 수 있다는 것을 알았다. 이런 역사 해석에서 중요한 문전(text)을 전이해와 삶의 연관을 통한 해석법을 살펴보았다.

불트만은 결단으로 참실존이 되는 것, 역사에서도 텍스트의 현재화를 추구하는 것은 그리스도는 언제나 현재하고 계시기 때문에 현재하는 그리스도를 통해서만 인간은 참 실존을 획득할 수가 있다는 것을 피력했다. 그러니까 역사에도 실존적으로 참여하면 실존적으로 현재화가, 즉 나의 역사가 이루어진다. 그러면 그는 새로운 인간인 것이다. 현재화의 진정한 의미는 새롭게 된다는 것이며 이것이 비본래적 존재에서 본래적 존재로의 결단인 것이다.

셋째, 불트만에게 있어서 현재화 되지 않는 그리스도는 종말론적 사건으로서의 하나님의 아들이 아니라는 사실이다. 한낱 종교성으로 덧입혀진 우상일 뿐이다. 그리스도의 현재화가 어디에서 이루어지는지를 불트만은 명확하게 밝히고 있다. 그것은 바로 선포, 즉 설교에서, 성례전에서 그리고 성서(Text)에서 현재화됨을 말했다.

이것은 곧 불트만의 신학의 지향점이라고 할 수 있다. 그가 행한 성서의 비평 작업, 성서의 비신화화 등의 연구는 그리스도의 현재화를 위한 실존론적 성서 이해로 귀결됨을 알 수 있었다. 그때그때 새롭게 육박해 오는 그리스도를 우리는 선포에서, 성서에서, 그리고 성례전에서 만난다. 결단을 요구하는 그리스도는 우리를 새롭게 하기 위해 우리를 역사의 지나간 과거가―회상하는 그리스도― 아니라 언제나 미래를 향한 개방성으로 새롭게 되도록 결단을 요구한다.

불트만에 의하면 설교는 현재하는 그리스도의 계시 사건이기 때문에 인간의 삶의 질을 향상시키고 감각적 행복을 부추기는 따위의 말은 용납될 수 없는 악마의 지껄임일 뿐이다. 불트만은 자유주의 신학자로 출발했지만 자신에 의해 자유주의가 종말을 고했다.

그 이유는 계시로서의 성서를, 계시 사건으로서의 설교에 현재하는 그리스도를 한 순간도 놓치지 않았기 때문이다. 이런 그리스도를 우리 앞에 제시하기 위해 불트만은 비신화화로 성서를 실존론적으로 해석했다.

불트만의 성서 이해를 신화로 오해하는 신학자들의 말은 반박할 가치를 찾을 수 없다. 전 실존을 걸고 성서를 연구하지 않으면서 타인의 그릇된 연구를 정설로 받아들여 신학자를 비판하는 것은 건강한 교회를 위해서나 신학 자체를 위해서도 결코 바람직하지 않다.

넷째, 불트만은 인간의 결단을 요구하는 예수의 요청 앞에 과연 결단할 수 있는 능력이 인간에게 있는가를 묻는다. 그러면서 불트만은 "예"와 "아니오"로 답한다. 이 대답은 변증법적으로 가능하기 때문이다. 결단 앞에 세워진 인간은 책임적 존재이지만 동시에 은혜를 입은 존재임을 말하고 있다. 그러므로 하나님의 은혜라는 명목 아래 인간의 책임성을 결코 가볍게 만들 수 없다. 하나님의 은혜의 현실이며, 가장 가까이 계시는 하나님으로서의 현재하는 그리스도는 하나님의 은혜를 가장 큰 값을 치르고 우리에게 선사하셨으며 우리 또한 그 책임성을 가지고 살 것을 요구한다.

> 누구든지 나를 따라오려거든 자기를 부인하고 자기 십자가를 지고 나를 따를 것이니라(막 8:34).

불트만을 통하여 신학자의 자세를 배우게 된다. 신학적 성찰은 하루아침에 완성되는 것이 아니다. 우리가 신학하는 사람으로 부름을 받았다는 것은 전 실존을 걸고 해야 할 사명이라는 것, 신학적 해석을 통해 시대에 새로운 통찰을 제공하는 것이 신학을 하는 자에게 주어진 사명이라는 것을 잊지 말아야 한다는 것을 불트만은 강조했다.

신학은 홀로 쌓아올리는 상아탑이 될 수 없다. 반드시 공동성을 추구하며 함께 이루어야 할 과제이다.

> 신학적 활동에 대하여는 마치 어떤 공식을 발견한다든가 또는 어떤 조그마한 문제를 간단히 처리해 버리는 그런 쉬운 일이라는 인상을 버리지 않으면 안 된다. 이것은 훨씬 어려운 과제이며 결코 한 개인의 손으로 이루어 질 수 있는 것이 아니라, 하나의 전 신학적 세대의 전 시간과 노력을 필요로 할 것이다.[1]

혼신의 힘을 다하는 전 시대의 노력에 의해서만 신학이 시대를 새롭게 할 수 있다는 것이다. 우리에게 주어진 신학적 통찰을 위한 일깨움으로 반드시 불트만의 말을 들어야 할 것이다.

다섯째, 21세기는 기독교에 위기의 시대이고, 교회에도 심각한 도전의 시대가 될 것이다. 이 시대는 포스트모더니즘, 후기 세속주의, 과학주의와 기술주의가 시대정신을 이루면서 과거에 보지 못한 위기 상황을 만들고 있다. 이런 시대적 정황 속에서 본 연구를 통해 불트만의 신학적 통찰이 우리들의 교회인 한국 교회에 주는 의미가 무엇

---

1 루돌프 불트만, 『성서의 실존론적 이해』, 26.

인가를 깊이 고뇌할 필요가 있다.

우리의 신앙은 한국 교회에 뿌리를 두고 있으며, 우리의 삶의 자리는 한반도라는 터 위에서 자란다. 우리의 신학함은 하나님의 나라를 위한 복음에 헌신하는 것이 물론 전제되어 있지만 그런데도 우리는 한국 교회를 외면하고 신학을 할 수 없다. 양적 성장으로 한국 교회가 세계적으로 주목받은 것은 사실이나 그 크기에 비례할 만큼의 내용성과 신학을 채우지 못했기에 이제는 교회의 역량이 점점 공허해져 가는 것을 바라볼 수밖에 없는 상황이 도래했다.

한국 교회는 뜨거운 열정으로 부르짖기도 했으며 많은 지적 탐구로서의 성경 공부도 했고 심지어는 성경을 직접 손으로 쓰면서까지 성경에 대한 애정을 표했다. 이런 행위 자체가 나쁘다는 것은 아니나 이런 행위를 반복할수록 오히려 신앙이 업적 중심이 되고 공허해지기까지 한다는 것은 감출 수 없는 사실이다.

그 결정적인 이유는 설교를 통해서 진정 그리스도를 만나지 못했기 때문이다. 현재하는 그리스도가 없는 설교가 되어 버린 것이다. 그리스도 없이 인간이 변화되며 새로운 피조물(고후 5:17)이 된다는 것은 거짓말이다.

설교를 통해, 다시 말하자면 불트만의 말대로 현재하는 그리스도를 진정으로 마주하지 못했기에 교인들은 변화를 체험할 수 없는 것이다. 그러므로 우리는 설교에 현재하는 그리스도를 전하는 자와 현재하는 그리스도를 만나는 결단으로서의 종말론적 들음이 없는 공허함을 불트만의 신학적 통찰을 통해서 극복할 수 있음을 알았다.

불트만이 혼신의 힘을 다해 이루고자했던 그의 신학적 통찰 앞에 우리도 한국 교회를 위한 신학적 책임성으로 응답하며 결단을 해야 할 것이다. 설교가 울려 퍼지는 지금 여기에 그리스도만 현재한다는 것을 부인하지 않을 용기가 있어야 한다. 이런 때에 불트만의 신학은 새로운 성찰을 하게 한다. 한국의 그리스도인들이 즐겨 사용하는 '은혜'라는 말은 누구나 쉽게 말할 수 있으나 은혜라는 말은 모호하기만 하다. 그러나 불트만의 신학에서 이 은혜의 성격은 현재하는 그리스도로 나타나며 구체화되었다.

그러므로 그가 강조한 현재하는 그리스도가 구체화될 때 비로소 우리의 실존이 변하고, 우리들의 교회가 변하고, 사회가 변화하고, 역사가 변화한다. 즉 그의 신학 전반에 걸쳐 이 은혜가 관통하는 구조적 연관성이 있다는 것이 밝혀졌고 여기서 불트만의 신학의 독특성이 드러난다.

참고 문헌

김동건. "역사적 예수의 탐구를 위한 불트만의 공관 복음서 이해." 「신학과 목회」 16 (2001).

_____. "불트만의 비신화화론과 구원의 의미." 「신학과 목회」 제24집, 대구: 영남신학대학교 (2005년 11월).

_____. 『현대신학의 흐름: 계시와 응답』 제1권. 서울: 대한기독교서회, 2008.

_____. "불트만에 나타난 역사적 예수와 케리그마의 그리스도의 연속성." 「한국기독교신학논총」 64(1) (2009).

_____. 『그리스도론의 역사』. 서울: 대한기독교서회, 2018.

_____. 『예수: 선포와 독특성』. 서울: 대한기독교서회, 2018.

김명수. 『역사적 예수의 생애』. 서울: 한국신학연구소, 2004.

김진호 편. 『예수 르네상스』. 천안: 한국신학연구소, 1996.

김진호. 『예수역사학』. 서울: 다산글방, 2000.

박정호. "불트만의 基督論과 說敎에서의 神學的 一貫性研究." 영남신학대학교 석사 학위 논문, 2005.

안병무. 『갈릴래아의 예수』. 천안: 한국신학연구소, 1993.

이종성. 『신학적 인간학』. 서울: 대한기독교출판사, 1986.

정재현. "인격성의 폭력과 탈신화화: 신정론적 발상에 대한 불트만 해석학의 처방을 시도하며." 「신학사상」 172집 (2016).

조철수. 『유대교와 예수』. 강릉: 도서출판 길, 2002.

로빈슨, 존. 『신에게 솔직히』. 현영학 역. 서울: 대한기독교서회, 2007.

보그, 마커스. 『예수 새로 보기』. 김기석 역. 천안: 한국신학연구소, 1998.

베트게, 에버하르트 엮음. 『디트리히 본회퍼의 옥중서간』. 고범서 역. 서울: 대한기독교서회, 1995.

슈미탈스, 발터.『불트만의 實存論的 神學』. 변선환 역. 서울: 大韓基督敎出版社, 2001.
야스페르트, B.『루돌프 불트만 신학의 재조명』. 황현숙 역. 서울: 한국신학연구소, 1994.
퍼거슨, 데이비드.『불트만』. 진성용 역. 서울: 대한기독교서회, 2000.
하이데거, 마르틴.『존재와 시간』. 전양범 역. 서울: 시간과 공간사, 1995.
荒井献.『예수의 행태』. 서남동 역. 서울: 대한기독교서회, 1991.
Betz, O.『역사적 예수의 진실』. 전경연 역. 서울: 대한기독교서회, 1990.
Bornkamm, G.『나사렛 예수』. 강한표 역. 서울: 대한기독교서회, 1991.
Bultmann, Rudolf.『此岸과 彼岸』. 孫奎泰 譯. 서울: 大韓基督敎書會, 1976.
_____.『요한福音書硏究』上. 허혁 역. 서울: 성광문화사, 1979.
_____.『요한福音書硏究』下. 허혁 역. 서울: 성광문화사, 1979.
_____. "신에 관해 말한다는 것은 어떤 의미를 가지는가?."『學問과 實存』Ⅰ. 허혁 역. 서울: 성광문화사, 1981.
_____. "신약성서의 계시개념."『學問과 實存』Ⅰ. 허혁 역. 서울: 성광문화사, 1981.
_____. "자연 계시에 관한 문제."『學問과 實存』Ⅰ. 허혁 역. 서울: 성광문화사, 1981.
_____. "前提 없는 註釋이 가능한가?."『學問과 實存』Ⅰ. 허혁 역. 서울: 성광문화사, 1981.
_____. "『學問과 實存』."『學問과 實存』Ⅰ. 허혁 역. 서울: 성광문화사, 1981.
_____. "해석학의 문제."『學問과 實存』Ⅰ. 허혁 역. 서울: 성광문화사, 1981.
_____. "그리스도 신앙을 위한 구약성서의 의미."『學問과 實存』Ⅱ. 허혁 역. 서울: 성광문화사, 1981.
_____. "기독교의 역사적 종교와 초역사적 종교."『學問과 實存』Ⅱ. 허혁 역. 서울: 성광문화사, 1981.
_____. "세계와 인간에 관한 이해."『學問과 實存』Ⅱ. 허혁 역. 서울: 성광문화사, 1981.
_____. "신약성서와 신화."『學問과 實存』Ⅱ. 허혁 역. 서울: 성광문화사, 1981.

_____. "신약성서의 교회와 가르침." 『學問과 實存』 II. 허혁 역. 서울: 성광문화사, 1981.
_____. "신약성서의 그리스도론." 『學問과 實存』 II. 허혁 역. 서울: 성광문화사, 1981.
_____. "요한복음서의 종말론." 『學問과 實存』 II. 허혁 역. 서울: 성광문화사, 1981.
_____. "자유주의 신학과 최근의 신학동향." 『學問과 實存』 II. 허혁 역. 서울: 성광문화사, 1981.
_____. "20세기의 순수한 선포와 세속화된 선포." 『學問과 實存』 III. 허혁 역. 서울: 성광문화사, 1981.
_____. "기독교적 희망과 탈신화화의 문제." 『學問과 實存』 III. 허혁 역. 서울: 성광문화사, 1981.
_____. "그리이스-로마 古典과 그리스도宣布에 의한 自由의 思想." 『學問과 實存』 III. 허혁 역. 서울: 성광문화사, 1981.
_____. "세계교회협의회의 그리스도론적 신앙고백." 『學問과 實存』 III. 허혁 역. 서울: 성광문화사, 1981.
_____. "역사와 전통에 관한 반성." 『學問과 實存』 III. 허혁 역. 서울: 성광문화사, 1981.
_____. "예수 그리스도와 신화." 『學問과 實存』 III. 허혁 역. 서울: 성광문화사, 1981.
_____. "요한 문헌들과 영지주의." 『學問과 實存』 III. 허혁 역. 서울: 성광문화사, 1981.
_____. "일반적 진리들과 그리스도 선포." 『學問과 實存』 III. 허혁 역. 서울: 성광문화사, 1981.
_____. "자서전적 회고." 『學問과 實存』 III. 허혁 역. 서울: 성광문화사, 1981.
_____. "예수." 『學問과 實存 IV. 허혁 역. 서울: 성광문화사, 1987.
_____. 『新約聖書神學』. 허혁 역. 서울: 성광문화사, 1997.
_____. 『성서의 실존론적 이해』. 유동식 역. 서울: 대한기독교서회, 1997.
_____. 『역사와 종말론』. 서남동 역. 서울: 대한기독교서회, 1998.
Conzelmann, H. "예수 그리스도." 『學問과 實存』 IV권. 한국신약성서연구 모임 편. 서울: 성광문화사, 1987.

_____. 『신약성서신학』. 김철손 외 공역. 천안: 한국신학연구소, 1993.

Heron, Alasdair I. C. 『20세기 신학사상』. 한숭홍 역. 서울: 성지출판사, 1997.

Ogden, S. M. 『기독론의 초점』. 변선환 역. 서울: 대한기독교출판사, 1985.

Störig, Hans Joachim. 『世界哲學史』. 林錫珍 譯. 왜관: 분도출판사, 1993.

Tillich, P. 『19-20세기 프로테스탄트 사상사』. 송기득 역. 천안: 한국신학연구소, 1998.

Woodyard, David O. 『현대 신학자들의 하나님 이해』. 한인철 역. 서울: 대한기독교서회, 1995.

Barclay, John M. G. Interpretation, not repetition: reflections on Bultmann as a theological reader of Paul. *Journal of Theological Interpretation* 9. no. 2 (September, 2015): 201-209.

Barth, Karl. *Bultmann-An attempt to understand him*, in: Hans-Werner Bartsch (ed.), Kerygma and Myth, 2 vols. London: S.P.C.K, 1964.

Bultmann, Rudolf. *The case for demythologizing*, in: Hans-Werner Bartsch (ed.), Kerygma and Myth, 2 vols. London: S.P.C.K, 1964.

_____. *New Testament and Mythology and Other Basic Writings*. Trans. Schubert M. Ogden. Philadelphia: Fortress Press, 1984.

_____. *Glauben und Verstehen I*. Tübingen: J. C. B. Mohr, 1980.

Chapa, Juan. La antropología teológica de Rudolf Bultmann. *Scripta Theologica* vol. 36, no. 1 (Jan, 2004): 231-257.

Congdon, David W. Kerygma and community: a response to R. W. L. Moberly's revisiting of Bultmann. *Journal of Theological Interpretation* vol. 8, no. 1 (Spring, 2014): 1-21.

_____. Is there a kerygma in this text?: A review article. *Journal of Theological Interpretation* vol. 9, no. 2 (Fall, 2015): 299-311.

Hübner, Hans. 'Existentiale' Interpretation bei Rudolf Bultmann und Martin Heidegger. *Zeitschrift für Theologie und Kirche* vol. 103, no. 4 (Dec, 2006): 533-567.

Kim, Dong-Kun. *Jesus: From Bultmann to the Third World*. Bern: Peter Lang, 2002.

Konrad, Hammann. Rudolf Bultmanns Begegnung mit dem Judentum. *Zeitschrift für Theologie und Kirche* vol. 102, no. 1 (March, 2005): 35-72.

_____. Die Entstehung von Bultmanns Jesus-Buch. *Zeitschrift für Theologie Und Kirche* vol. 107, no. 2 (June, 2010): 191-214.

_____. Der Glaube als freie Tat des Gehorsams: Herkunft, Bedeutung und Problematik einer Denkfigur Rudolf Bultmanns. *Zeitschrift für Theologie und Kirche* vol. 109, no. 2 (June 2012): 206-234.

Ott, Heinrich. *Geschichte und Heilsgeschichte in der Theologie Rudolf Bultmanns*. Beiträge zur historischen Theologie 19. Tübingen: J.C.B. Mohr, 1955.

Schleiermacher, F. *Hermeneutics: The Handwritten Manuscripts*. Missoula: Scholars Press, 1977.

Thieselton, Anthony C. *The Two Horizons: New Testament Hermeneutics and Philosophical Description with Special Reference to Heidegger, Bultmann, Gadamer, and Wittgenstein*. Exeter: The Paternoster Press, 1980.